# 成功の要諦

Essence of Success
Kazuo Inamori

稲盛和夫

致知出版社

# まえがき――刊行に寄せて――

古来、人を指導する立場にある人、また自らの人格涵養《かんよう》を志す人が必ず読まなければならないとされる書があります。『大学』です。孔子より四十六歳若い曾《そう》子《し》が著《あらわ》しました。『大学』は大人《たいじん》の学の意。人の上に立つ人がまず修めていなければならない根本哲学を説いたもので、修己治人《しゅうこちじん》の書ともいわれます。

その『大学』はこういう言葉で始まります。

「大学の道は明徳《めいとく》を明らかにするにあり」

明徳とは、法則ということです。

あらゆるもの――心にも、経営にも、人生にも、法則があります。その法則をはっきりとつかみ、その法則にのっとっていけば、心も経営も人生も発展していきます。その法則に反すれば、衰退あるのみです。

本書の著者稲盛和夫氏もまた明徳を明らかにした人であることが、本書に如実です。

二十二年前になります。弊社は存亡の危機に見舞われました。その時、稲盛氏から「致知《ちち》を応援します」という一文をいただきました。短い中に自らの経営哲学を凝縮したその一文は、暗夜に一筋の光明をいただいた思いで、苦境の中にあった私の迷妄《めいもう》を一気に払ってくれました。以来、私はその一文をコピーし、手帳に挟んで持ち歩き、折にふれては読み返しています。これは私の気力を充実させる特効薬なのです。

稲盛氏は経営者の勉強会を主宰《しゅさい》、約九千人の経営者に手弁当で経営の指導をされています。これによってどれだけの経営者が経営の舵取《かじと》りをあやまたず、事業発展の道を歩むことができたか。その恩恵は計り知れません。

また最近、稲盛氏は破綻《はたん》した日本航空を二年八か月で再生されました。

この事実は、稲盛氏が体得された明徳の大きさ、深さを示しています。

「ど真剣」——これは稲盛氏が会話の中で何気なく口にされる言葉です。若い頃からど真剣に経営に取り組んでこられた姿勢が、その天性の資質と相まって、宇宙の理法、人生の理法の体得につながったのだろうと拝察します。


本書には稲盛氏の五十五歳から八十一歳までの講演が採録されています。いずれも弊誌『致知』にゆかりの深いものです。

『致知』は昨年創刊三十五周年を迎え、その記念式典で稲盛氏に基調講演をお願いし、ご多忙の中貴重なお話を賜りました。その折、過去に弊誌に掲載させていただいた稲盛氏の講演録全六講を改めて読み返してみました。そして驚いたのは、一篇一篇の内容がいささかも古びていないことでした。むしろ時代や国柄《くにがら》を超えて、人生と経営を成功に導く普遍《ふへん》の哲理が年代ごとに深まっているのが伝わってくるようで、感動ひとしおでした。この貴重な講話をこのまま眠らせてはならないという強い思いに駆られました。こちらの趣旨をお伝えしたところ、幸いにも稲盛氏のご了解をいただき、今回の運びとなることができました。出版をお許し下さった稲盛氏には感謝のほかはありません。

本書に記載された講演は折節《おりふし》に語られたものですが、そこには一貫したものが流れています。それは、稲盛氏は氏の話を聞くために集まってきた人たちに対して、如何に人生を生きれば運命を発展させることができるのか、その要諦《ようてい》を何とかして伝えたいと、祈るような思いをもって話されているということです。

その意味で、本書の一篇一篇はまさに稲盛流成功哲学の教科書です。本書を『成功の要諦』と題する所以《ゆえん》です。

本文にもありますが、稲盛氏は若い頃から安岡正篤《まさひろ》師に私淑《ししゅく》されていたといいます。

その安岡師は、名著『一日一言』の中でこのように説かれています。

「人間はできるだけ早くから、良き師、良き友を持ち、良き書を読み、ひそかに自ら省み、自ら修めることである。人生は心がけと努力次第である」

本書を通じて、人生をど真剣に生き運命を切り拓いてきた人の英知の言葉に触れ、自らの人生を向上発展させていく人の一人でも多からんことを祈念して止みません。

平成二十六年十一月吉日

致知出版社代表取締役社長　藤尾秀昭

成功の要諦＊目次

## 第一講　心と経営

## 第二講　なぜ経営者には哲学が必要なのか

（一九九五年九月十三日）

## 第三講　安岡正篤師に学んだ経営の極意（一九九七年三月二十九日）

## 第四講　人生の目的——人は何のために生きるのか（二〇〇一年七月十七日）

## 第五講　心を高め、魂を磨く

（二〇〇六年三月二十一日）

## 第六講　運命を開く道

（二〇一三年九月十四日）

装幀――川上成夫
カバー写真――菅野勝男
編集協力――柏木孝之

※本書中の肩書き及び売り上げ等の数字はすべて講演当時のものです。

# 第一講

# 心と経営

（一九八七年九月十六日）

昭和六十二年、著者五十五歳のときの講演です。人生、経営、さらには社会現象すらも人の心の反映であり、善き動機、善きプロセスに基づいて行動することの大切さを説いています。京セラ創業二十八年、第二電電の立ち上げから三年、現役社長として仕事に全力投球していた頃のほとばしるエネルギーが伝わってきます。

## 人生も経営も自分の心の反映

本日は「心と経営」とでも言いますか、「人間の心が経営にどのような影響を及ぼすか」ということについて、私の半生を振り返りつつ、お話ししようと思います。

私は終戦を迎える少し前、旧制中学のときに結核にかかり、死にかけたことがあります。当時は、栄養さえ十分に取ることができず、休学してただ寝込んでいました。実は、私の叔父も叔母も戦時中に結核で死んでいました。昔のことですから、結核は不治の病といわれていました。叔父さんも叔母さんに続き、さらに甥《おい》の私までがかかったため、ここは結核の血筋だということで、「あの子も駄目だろう」と言われていました。

その時期に、たまたまある宗教の本に触れたのです。読んでみると、災難に遭うのも幸せに合うのも、それはすべて心次第であり、本人が持っている心のままに境遇はつくられるのだと説かれていました。つまり、病になったのもあなたが持っている心のせいなら、幸せになるのもあなたの心のせいだというようなことが書いてあり、大変感銘を受けました。

当時、重病というわけではありませんでしたが、結核の初期症状である肺浸《はいしん》潤《じゅん》を患《わずら》って寝込み、非常にやせ、まさに死の淵をのぞき込んでいるように思いました。そんなときに読んだ本ですから、私は大変強い印象を受けたわけです。

周囲の現象は自分の心の反映であることを確信させる出来事が、もう一つありました。終戦前の昭和十九年の後半から二十年にかけて、私が生まれ育った鹿児島は、街のほとんどが爆撃で焼けてしまいました。私も、結核で寝ていながらも、空襲があるたびにゲートルを足に巻いて、両親に迷惑をかけてはならないというので、防空壕に逃げたりしていました。そのうち空襲はますます激しくなり、自分の家も焼けるのを待つだけという状態になり、空襲から必死に逃げ回っているうちに、いつの間にか病気のことを忘れてしまって、気づいたら治っていました。その後、元気になり、大学を卒業して就職しましたが、思わぬことから今の京セラという会社の経営に、二十七歳で携わることになり、今年でちょうど二十八年になります。

私は最初に勤めた会社で主任という立場でしたが、私の元上司だった課長、部長、それから私の助手をしてくれていた人たちなど、七人と一緒に会社をつくったのです。

前の会社がボロ会社でしたので、せめて中小企業として、自分たちがつくった会社で飯が食っていければいいと考えていました。どれほど成功しても、せいぜい二、三百人ぐらいの社員がいるような会社になれば大成功だという気持ちで会社をつくり、経営してきたのですが、それが今日では、なんと、売り上げが二千数百億円、従業員が一万二千人、資本金が三百数十億円という、自分で考えても信じられないような会社になりました。アメリカにも工場が四つあり、アメリカ

　その時期に、たまたまある宗教の本に触れたのです。読んでみると、災難に遭うのも幸せに合うのも、それはすべて心次第であり、本人が持っている心のままに境遇はつくられるのだと説かれていました。つまり、病になったのもあなたが持っている心のせいなら、幸せになるのもあなたの心のせいだというようなことが書いてあり、大変感銘を受けました。

人だけでも二千数百名を雇っています。

当時、鹿児島弁丸出しで、標準語さえもまともにしゃべれなかった私でした。今でこそ、やっと標準語でしゃべっていますが、それでも少しアクセントが違うように思います。そのような男が、海外にまで展開して多くの工場をつくり、それらをオペレーションするということは、信じられないことだと思います。

結核で死の淵にあって、心のままに周囲に現象が現れるという教えを知った経験と、二十七歳で会社をつくって二十八年間、自分でも想像ができないような現象が私の周囲に現れてきたということ。おそらく一般の人たちは信じられないと思いますが、この二つのことは、心の作用というものがいかに大きな力を持っているかということを示していると思います。

私は技術屋です。私どもの企業経営は、私がやってきたセラミックスの研究から始まったものでした。つまり、私はサイエンティストであり、エンジニアでありります。ですから、心の問題を、いわゆる技術や研究開発に持ち込むということは一切していません。徹底的に合理性を追求するし、あくまでも科学的な手法で事業をやっています。しかしどう見ても、心というものが、周囲の現象に大変大きな影響を及ぼしているように思えてならないのです。

## 見える部分と見えざる部分

企業には、見える部分と見えざる部分というものがあると私は思っています。見える部分とは、資本金の額や財務の健全性、不動産などの担保物件をどの程度持っているか、技術開発力や人材力など、それぞれ計数で表されるものです。見えざる部分とは、トップが持っている信念、あるいは人生観、また従業員が醸《かも》し出す意識、つまり社風などです。社風というのは何とはなしにできてくるものですが、実際には、企業の中にいる従業員が醸し出す心の反映なのです。あるいは、従業員が持っている意識がつくり出しているのが社風です。

私は、見えざる部分と見える部分とを比べれば、見えない部分の方が、経営にはより大きな影響力を及ぼすと考えています。計数で表されるような資本力、技術力、人材力などというようなものよりも、見えないものの方がはるかに大きいパーセンテージで経営に影響を与える。私の場合、それを説明するのは容易なことです。

私は田舎大学の応用化学科を卒業した化学の技術屋というだけで、当時はセラミックスの専門家でも何でもありませんでした。つまり、大した男ではないわけです。学歴もそれほどではありません。そのような男の周りに集まってくる人も、よく「破《わ》れ鍋に綴《と》じ蓋《ぶた》」といわれるように、似た者同士が集まるわけですから、そう大した人材はいなかったはずです。また私に、資産や資金力があったわけでもありません。

すべてないないづくしの中で、会社が驚異的な発展を遂げることができたのは、どう考えてみても、見えざる部分が非常に大きく影響していたからだろうと思います。

## 植物にも人間の意識が伝わる

そのようなことを言っても、みなさんにはあまり信用してもらえませんので、少しこじつけになりますが、心というものがどれほど大きな影響力があるかということを実例を挙げて少し説明してみようと思います。

もう半年ぐらい前になるかと思いますが、ＮＨＫで次のようなテレビ番組をやっていました。植物が光に反応するのは、光に対するセンサーを持っているからだということは、みなさんもご存じだと思います。木でも草でもそうですが、日が当たる方にたくさん枝が出て、日陰の方には、あまり出ませんし、葉っぱもつきません。一番わかりやすいのは、ヒマワリが太陽の当たる方向に顔を向けるという現象です。どの木を見ても、南向きの日の当たる方向に枝をたくさん伸ばして、葉をたくさんつけます。太陽のエネルギーを受けて、空気中の炭素と地中から上がってくる水分、またミネラル成分と一緒に、いわゆる炭酸同化作用によって光合成をするわけですから、光に対しては非常に敏感です。このことはみなさんもよくわかっておられることだろうと思います。

ところが、この前NHKでやっていたのは、植物は音に反応するだろうか、音を感じることができるだろうかという実験でした。非常に興味深く見ましたが、植物の葉に、人間につけるようなうそ発見器をつけていました。そして、オシログラフやレコーダーなどを設置して、植物に音を聴かせてどう反応するかをチェックするという実験をやっていたのです。

音楽を聴かせるのですが、音楽の種類を変えた場合、オシログラフやレコーダーがどのように変化するのか。例えば、クラシック音楽や、異様な音を聴かせたりと、いろいろなことをやってみると、植物から出てくる波形が変わるわけです。それがどのような意味を持つのかまではわかりませんが、見事に波形が変わっていました。植物の葉や幹の表面を流れる電位が変化するのです。植物の表面を流れる電流が音によって変化する、ということが確認できました。

また、ＮＨＫは次のような事例も紹介していました。米国のアイオワ州で耕作をしているおじさんが、トラクターに乗って肥料をまいているのですが、大型スピーカーをトラクターの上につけ、クラシック音楽をかけながら、肥料をまいているわけです。ＮＨＫのインタビュアーが、「なぜこのようなことをやっているのか」と聞くと、「肥料をまくときに、音楽を鳴らすと、収穫が二十〜三十％も違う」というようなことを言っていました。

さらにソ連でも面白い実験をしていました。十数年前ですが、植物が人間の意識、つまり人間が思っていることを感じることができるだろうかという実験をしていたのです。ソ連科学アカデミーの心理学者たちがやった実験ですが、鉢植えした花を持ってきて、やはりうそ発見器を花につけ、助手の女性に、「この花は非常にきれいで、本当に素晴らしい」と思わせ、植物から出てくる波形を見ます。

次にその女性に、「この花は非常に汚いので、すぐに捨ててしまおう」とも思わせ、波形を見ます。

その結果、それぞれ花につけた電極から出てくる波形がまったく違うという現象を見つけて、発表したのです。それが大変な反響を呼び、アメリカやヨーロッパでは直ちに検証実験をやっています。ところが、まったく再現性のない実験だという結果が出て、ソ連のチームは世界中からでたらめでインチキな実験だと大変な非難を受けたのです。

ソ連では、早速実験方法を変えました。再現性がなかったということで、今度は催眠にかかりやすい女性を連れてきて、催眠をかけるのがうまい心理学の教授を横に置いて、その女性に催眠をかけました。完全に催眠状態になった上で、同じように花をセッティングし、「この花は大変汚い花だから、捨ててしまおう」と女性が思うように誘導する。次に「この花は素晴らしくかわいらしい花だ」と思わせる。つまり、いわゆる深層心理のところでそのように思わせるという実験をやりました。

そうすると、再現性が出るようになりました。催眠をかけられ本気で「こう思う」のと、「そう思え」と言われて思うのとでは、実は意識のレベルが違うわけです。ですから、本気にするためには、催眠状態の方がいいだろうということで実験をしたわけです。つまり、意識、思いというもののレベルを強くしたわけです。

植物は光に反応することは前々からわかっていましたが、そのNHKの放送で、音も感じるということがわかり、さらにソ連の実験で、人間の意識、思いにまで反応するということもわかってきたわけです。

動物が人間の意識、思いをわかっていることは、みなさんはすでにご承知のはずです。我々の心を見透かすかのように、犬も猫も感じとっているのです。それと同じように、植物も我々の意識を感じているわけです。

## 細胞の一つひとつが意識を持っている

最近、遺伝子工学や遺伝子生物学などが大変進歩し、遺伝子を組み換えたりする新しい研究が進んでいます。最近私は、京都大学のある先生にお目にかかって直接そのあたりの話を聞くことができました。遺伝子の組み換えをする場合、ガン細胞などいろいろな種類の人間の細胞を取ってきて、シャーレというガラスの容器の中に養分をたくさん入れた培地《ばいち》をつくり、その中に細胞を入れて、増殖させるという実験をしています。

その方がおっしゃるには、顕微鏡で観察していると、たくさんの細胞を入れたシャーレの中では、次から次へと細胞が分裂を繰り返して増殖するのですが、細胞を数個入れた培地では、細胞の動きが非常に緩慢《かんまん》で、遅々として増殖が進まない。その先生が、「稲盛さん、私は、あなたが言う心なんてものは大したものでではないと思っていたが、実験を見ていると小さな数ミクロンの細胞一個一個にも意識があるのではないかと思うようになってきましたよ」とおっしゃっていました。

細胞一個には頭脳も何もないわけです。しかし、単純な細胞一個でも、たくさん仲間がいたら、あたかもそこに意識があると感じられるかのごとく、勢いよくどんどん増殖する。仲間が少なかったら元気がなく、あまり増殖しない。「だから、一個一個の細胞にも意識があるのかもしれません」と、その先生からまじめな顔をして言われたことがあります。

そのようなことを聞き、また先ほどの植物の実験もあって、私は非常に強いインプレッション（印象）を受けました。我々はいろいろな思いというものを持ちますが、その思いをつくっているのは脳細胞だけだと考えがちです。ところが、我々の体は六十兆から七十兆個といわれる、無限と言ってもいいくらい膨大な数の細胞でできあがっており、その細胞全部が、実は意識を持っているのかもしれないのです。我々の意識というのは、頭だけで考えてできているわけではないのです。

経営者は、経営の諸問題で心配事をします。よく、「血の小便が出るぐらいでなければ、一人前の経営者にはなれない」といわれていますが、ではなぜ心配事をすると血の小便が出るのか。心配事は頭だけでしているのではないのか。実はそうではありません。「大変だ」と思って心配事をする場合、全身の六十兆、七十兆個という細胞全体が、心配事で打ち震えている状態になるのです。脳細胞だけが心配事を認知し、意識して心配しているのではなく、脳細胞がその心配事を思った瞬間に、体全体の細胞が同じように心配をしているわけです。

その証拠に、例えば心配事をすると、ストレスがたまって胃かいようになったりします。胃の細胞というのは大変強くできています。ものを食べると胃酸が出ます。胃酸というのは、我々も化学の実験でよく使うのですが、塩酸が主成分で、鉄でも溶かすような大変強い酸です。たまに胸焼けがして、胸がひりひりするぐらい刺激の強い胃酸が出てくることがありますが、あれが常時入っているのが胃袋です。胃の内面、内壁というのは、それに十分耐えられるようにできています。ところが、心配事が起こり、ストレスがたまると、三日ぐらいで急性胃かいようになるというケースはいくらもあります。つまり、もともとは胃酸にはびくともしないようにできている胃壁が溶かされて、穴が開くことになるわけです。

それは、心配事のために、胃壁の細胞そのものが変質を遂げるからです。もともと胃酸に対する抵抗力を持っていたはずの胃壁が、心配事をすることで変質を遂げてしまう。この例は、頭だけで心配するのではなく、全身の細胞が心配をするということを示しています。だから、心配事で体調を崩すと、血の小便が出るということもあり得るわけです。すべての細胞に意識があると考えてもいいのではないでしょうか。

その証拠に、例えば胃腸の消化吸収が悪くて、お腹の調子が悪ければ、最初は頭は爽快《そうかい》で通常通り動いていても、やがて気分がうっとうしくなり、頭が回らなくなります。みなさんも、お腹の調子は悪いが、頭だけは爽快に回っているということはないはずです。また、腰と頭は別のものですが、腰が痛ければ頭もうっとうしくなり、考えがまとまらない。「今日はちょっと鍼《はり》でも行こうか」ということになります。

つまり、体のどこか一部が悪ければ、それは必ず体全体の調子に影響します。悪い部分の細胞だけが痛がり、それが神経細胞に伝わるということではありません。その部分の細胞が意識を持っていて、その意識が体全体に影響を及ぼしているというように考えた方が、いいのではないかと私は思っています。

人間というものは、心に描いた、また意識したことによって、自分の体調も変えてしまうのみならず、さらに植物にまで影響を及ぼすということをおわかりいただけたかと思います。

## 「心に描いた通りになる」ための条件

心に描いた通りの現象が現れると言いましたが、「こうありたい」と思った程度ではなかなか実現しません。実際には、心に描いたことが現実になったり、ならなかったりするわけです。そうすると、なった人はそれを信じるが、ならなかった人は、「何を言ってるんだ。心で思った通りになるんだったら、カニも横に歩かんわい」ということで、誰も信用してくれない。なったり、ならなかったりするのでは、サイエンスとは言えないわけです。だから、これをあまり声高に言いますと、新興宗教のように思われて、「あいつ、まやかしのようなことを言ってるんじゃないか」となってしまうのです。

「こういうふうに思えば、必ずこうなる」というものであれば、その方法を教えてあげればみんなそうなりますから、信じてくれるのでしょう。ですが、どうもそのようにはなっていません。

なぜ心に描いた通りにならないのか。心に描いたとおりになるのには、ある条件があるような気がするのです。私自身の過去の経験から言うと、心に描く思いというものが、強烈でなければならないのだろうと思うのです。それは、同時に持続した思いでなければなりません。

強烈で持続した思いであったときにはじめて、現象として現れるのです。催眠にかけ、「この植物は捨ててしまおう」と思わせる実験をしたと言いましたが、心の底からそのように思ったときに、初めて植物が反応する。そのために、被験者に催眠術をかけ、催眠状態にして、心の底から思わせるということをしたのです。

心の底から思わなければならない。心の底から思うということは、「何が何でもこうありたい」と強烈に思うことです。そして、その強烈な思いを持続させる。どうもそのようなものが、思いを成就《じょうじゅ》させるもとではないかと思うのです。それは、まさに疑いもなく、一点の曇りもなく思うということです。「こうならないかな。なってくれればもうけものだな」といった程度の思いでは、全然話になりません。もともと本人が心底信じていないのですから、実現するわけがないのです。どうしてもそのようになるはずだと、信じた状態で思い続けなければなりません。

考えてみると、京セラという会社は強烈な思い、持続した思いによってつくられました。京都の西ノ京原町《にしのきょうはらまち》というところで、資本金三百万円で、七人の同志と二十人の中学卒業生を入れて始めたときに、その七人の同志と、夜に焼酎《しょうちゅう》を酌《く》み交わしながら、「今にきっと京都の西ノ京原町一の会社になろう。西ノ京原町一になったら、次は中京区一になろう。次は京都一になろう、日本一になろう、世界一になろう」と自分たちを鼓舞《こぶ》していました。まだ資本金が三百万円で、別の会社の倉庫を間借りして工場をつくったばかりの頃に、すでに世界一になろうと言っていたのです。それからは、寝言のように西ノ京一、中京区一、京都一、日本一、世界一ということを言い続けている。はたから見れば「バカじゃなかろうか」と思われたのでしょうが、本人たちは、まじめな顔をして「そうなろう」と思ってきたのです。

冷めた人が見たら、「何を寝言のようなバカなことを言っているんだ。現実を見てみろ」と思ったでしょう。西ノ京原町でも一番になれそうもないのに、世界一なんて到底無理だと思われたでしょうが、本人たちは本気です。その思いの中に浸《つ》かってしまったのです。物事を実現させるためには、そのような強烈な思いというものが要るのではないかと思います。そのように考えてみれば、「いわしの頭も信心から」と言いますが、何であれ、信ずればそのようになるのかもしれません。私はそれが思いを実現させるための原点だろうと思うわけです。

では、ただ単に強烈な思いを描けばいいのかというと、どうももう一つ条件がありそうな気がするのです。それは、美しい思いを描くということです。

いろいろな経営者を見ればわかります。たとえば倒産など、いろいろと不幸な出来事が起きています。また政治の世界でも、一時大変な隆盛を誇った人が落ちぶれていくという事例があります。つまり、成功と没落が紙一重というケースはいくらでもあるわけです。そのような没落と、持続する繁栄との間には、どのような違いがあるのだろうか。「どうしても成功したい」という強烈な思い、持続した思いというものが成功に導いていきます。しかし、自分自身のエゴを源にして出た思いだった場合には、一時的な成功はしますけれども、永続的な成功はしないのだろうと思うわけです。

## 心の多重構造

私どもの心というものは、多重構造になっています。少し考えてみるとわかりますが、我々の一番ベーシックな心は、我々がオギャーと生まれて最初から持っている、いわゆる本能心です。生まれてすぐに母親の乳を飲もうとするのも本能です。つまり、本能というのは、生まれながらにして肉体を持った人間が自分を守り、維持していくために神様が与えてくれた心です。これは利己的です。自己本位なものです。別な言い方をすれば、主観的な心ですが、この本能心だけで仕事をしているような人、つまり会社が儲けるためだけに仕事をするのだという方も、たくさんおられます。

それが、だんだん年齢を重ねて、いわゆる学問を修めたり、教養を積んでくると、本能心を超えた、一つ上の理性心というものが芽生えてきます。理性心というのは、科学をする心です。つまり、主観から離れて物事を客観的にとらえ、分析し、推理・推論をする心です。これが科学を生むもとです。

さらに人間の心には、こうした理屈、理性心を超えたもっと高邁《こうまい》な、もっと豊かな精神、宗教心と呼ばれるような心が存在しています。一般に良心といわれるものも、その辺に近いところにあると思います。自分だけではなく、貧しい人たちを助けてあげようといったボランティアの心、または一般にいう優しい心、そのようなものが、理性心のさらにその上の方に存在します。

では、最初に言いました強い思いというのは、この心の多重構造のどこから出てくるものなのか。本能心というエゴから出たものなのか、それとも理性心から出たものなのか。

企業経営の例で言えば、少し高いレベルになりますと、「自分自身も成功したいけれども、従業員を幸せにしてあげたい。今はこのように安い給料で従業員を使っているので、もっともっと頑張って、利益が出るようになったら従業員に少しでもいい生活をしてもらおう。そのために私は頑張るのだ」というように、自分のエゴから離れて、従業員のことに心が及んでいきます。さらに次元が高くなると、「日本の社会を立派にするために、自分は仕事を通じて社会貢献のようなことをやっていこう」と思うようになります。

強い思いを持つにしても、その思いの発するもとが大切なわけです。自分自身だけよければいいというエゴ、本能心から強い思いが出てくると、先ほど言いましたようにそれは主観的で利己的な心ですから、それを達成するためには、必ず没落と、持続する繁栄との間には、どのような違いがあるのだろうか。「どうしても成功したい」という強烈な思い、持続した思いというものが成功に導いていきます。しかし、自分自身のエゴを源にして出た思いだった場合には、一時的な成功はしますけれども、永続的な成功はしないのだろうと思うわけです。

他人に迷惑をかけていきます。他人を踏み台にしたり、いろいろな方との摩擦を起こす、つまり周囲を犠牲にしながら成功していきますから、必ず反作用が出てきます。一時的に大成功しますが、その反作用のために、必ず没落をしていきます。

一方もっと次元の高いところ、言葉を変えると、キリスト教社会における愛、仏教社会における慈悲の心をベースにした場合には、その思いが強ければ強いほど、繁栄もしますし、持続もしていくわけです。

## 従業員の思いが会社の運命を決める

そのような観点に立てば、企業の場合、企業のトップのみなさんがどのような思いを毎日抱いておられるのかが大切です。「俺が思っていることは、誰にも迷惑をかけていない。俺が何を考えようと他人の知ったことか」と考えたり、口に出して言わないのだから、誰にもわからないと本人は思っている。しかし、自分が常々心に描いているものは、実は大変な影響を会社に及ぼしているのです。

「わが社はこういう理念で経営をしていきます」という、経営理念のようなものをみなさんは持っていらっしゃると思います。大体、経営理念というのは、このような講習会などでいろいろなことを聞いたり、よその経営理念などを見て、「こういうものがいいな」ということで、「和を大切にする」などの言葉を掲げておられるケースがよくあります。中には、人に書いてもらったものを会社に持って帰って壁に張って、「わが社はこれでいきます」というケースもあります。それではおかしいのです。

理念というものは、トップ本人が信じていない、つまり借りてきたようなものでは、一銭の価値もありません。何も難しいことを考える必要はありません。単純でいいから、自分が本当に思っていることが理念なのです。

いくら立派なものを額縁に入れて社長室に掛けてみても、それでは意味がない。

本人が信じていませんから、その通りには会社は動いていきません。また、従業員からは、それが丸見えですから、部下もその理念を信用するわけがありませんし、トップについてくるわけもないのです。

トップが本当に「こうありたい」と描く思いが理念になり、その理念を常に社員に話すことで、社員がようやくそれを信じてくれる。トップが持っている思いというものは、大変大きな影響力があります。同時に、社員みんなが持っている思いが会社の雰囲気、社風をつくるわけです。ボロ会社は行ってみただけで「この会社は駄目や」とすぐにわかります。逆に、言葉は何も交わさなくても、「この会社は伸びるな」と思うときもあります。伸びる会社にはある種の雰囲気があるのです。

言葉で説明するのは難しいのですが、身近な例としては次のようなことがあります。人が住んでいる家に行くと、あばら家でも生き生きしていますが、新築してまだ一年しかたっていない家なのに、人が住まなくなって三か月たって見てみると、まるで玄関からお化けが出てきそうな感じになってしまう。

まったく人間の意識を感じないであろう家が、人が住んでさえいれば、生き生きしている。ところが、新築間もない家でも、人が三か月も住まなかったら、異様な感じがします。そのように、住んでいる人が醸し出す思いが、無生物である家にまで影響を及ぼすのですから、ましてや会社などというのは、毎日何十人、何百人が働いているわけです。会社にはその人たちの思いが充満しているわけですから、その思いがすべてのものに影響を及ぼします。その思いがどのような方向を向いているかということで、会社は決まってくるわけです。そのように私は思っています。

ですから、トップの思いが一番大事なのですが、同時に、従業員のみなさんの思いが集積されたもの、積分されたものが、その会社の運命を決める。そのような気がしてならないわけです。そのような意味では、経営者である自分の心も含めた人の心という見えざる部分がいかに大事なのかがわかります。

## 社会の現象も思いが決めている

住む人たちがその集合体の運命を決めていくとすれば、東京という街であれば、東京に住んでいる人たちの思いが集積されたものが、東京という都市の運命を決めていくわけです。青少年の非行や犯罪が起こると、カウンセラーや社会学者の方々は、「社会が悪いから青少年が悪くなった」と言います。たしかに社会が悪くなったから、青少年の心も曲がってしまって、犯罪が増えたのかもしれません。しかし、その犯罪の増えた社会で育った青少年の思いが、さらに社会を悪くしていく。社会が先にあって青少年がぐれるのではありません。ぐれた青少年というものが醸《かも》し出していく心の動きというものが、その社会をさらに悪い方に変える。つまり、社会の中に住む人たちの心根が、街まで変えていくのです。

実は、そのようなことを実践している人が存在しています。ＴＭ（Transcendental Meditation)、超越瞑想《ちょうえつめいそう》というものが日本にも伝わっています。インドのマハリシさんという方がアメリカにマハリシ国際大学というものをつくり、心を静かにして、一番意識の奥底の状態に自分を持っていく瞑想をやって、ストレスなどを解消するという方法を提唱しています。瞑想をやることで雑念を取り払い、極限まで自分の意識を落としていくと、結局最後に残るのは真我《しんが》、大我《たいが》と呼ばれるものです。ユングというスイスの有名な心理学者は、「無意識」という言葉で表現していますが、我々が一般に使う言葉では、魂です。つまり真の魂のところまで自分の意識を持っていく。そのようなことができる人たちがいるのです。

マハリシは超越瞑想ができる人たちを何十人、何百人と集め、街で一斉に超越瞑想をすることで、街をきれいにしようとする。いわゆる絶対真我の状態に達したときに、「いい街に、いい社会にしよう」という思いを抱かせる実験をしたのです。一日一時間ぐらいずつ数十人の方に、そのようなことをアメリカの街でやらせる。面白いことに、それを何か月か続けていると、その街の青少年犯罪がどんどん減少していく。街のある一か所でそのようなことをやると、少年犯罪の発生率が低下するという結果が出ています。つまり、非常に美しい心の方々が集まって想念を出すことによって、社会が浄化されていくという例です。

それを彼は「一％効果」と言っています。人口の一％の人が瞑想をすると、その街は非常に大きな変化を遂げていく。なんの関係もない人たちが社会をよくしようと心に思えば、街そのものの犯罪がどんどん減っていくということを言っています。それを世界的な規模で行い人類を救おうということで、マハリシさんは今、一所懸命超越瞑想の普及に努めておられるようです。

## 「動機善なりや」

会社の中にいるトップから社員までの心の集積が、まさに会社そのものを決めていく。そのように、思いの大切さに気づいたものですから、「これは大変なことだな」と思い、常にそのことを胸に刻んで仕事をしているわけです。

ご承知だと思いますが、情報通信の自由化に際し、私は第二電電という会社を始めました。「身のほど知らずにも、とんでもないことをしでかすやつだ」ということで、みんなからドン・キホーテのようだと言われました。NTTは五兆円以上の売り上げがあり、資本金だけでも七千数百億円という巨大な会社です。経団連のお偉いさんでさえ、NTTに立ち向かって、電気通信事業をやろうとはしないのに、中堅企業の京セラが挑戦するのは、誰が考えてもナンセンスだったわけです。

私がやろうと言い出すと、「あいつがやれるなら、我々の方がもっとうまくやれるだろう」ということで国鉄が乗り出してきて、日本テレコムをつくり、新幹線の沿線に光ファイバーを引こうということになった。道路公団を主体にした建設省も、「それなら我々は、東名高速道路に光ファイバーを引いたらすぐにできるではないか」と考え、やはり名乗りを上げました。つまり両社とも、「京セラのようなところがやれるのなら、我々の方がはるかに早く、うまくできるのではないか」ということで、電気通信事業の自由化が始まったのが、つい三～四年前のことです。この九月四日に、いよいよ東名阪の公衆回線が開通したわけです。

先ほども言ったように、国鉄系は、新幹線沿いに光ファイバーを引けばすぐにできるわけですし、道路公団も、東名高速道路の中央分離帯に光ファイバーを埋め込んでいけばいいわけです。しかし、我々第二電電には既存のインフラは何もありませんから、選択肢は一つしかありませんでした。山から山へとマイクロウエーブのパラボラアンテナで無線を飛ばしていくしかなかったのです。

実際に山から山へとパラボラアンテナを立てていくには、保安林があったりしますので、林野庁にも掛け合わなければなりません。また、道路がないところへはヘリコプターを飛ばさなければいけません。さらに無線電波は空中を飛びますが、混線しますから、他の無線電波が通っているところに通すわけにはいきません。あらかじめ、無線が通っていないところを調べて、そこを通さなければならないということで、大変な苦労をしました。

「どうせあいつらはできないだろう」と思われていたのですが、我々の方が先に東京から大阪までの回線を引っ張ってしまいました。そして、去年の十月から専用線での営業に入り、今年の九月四日に公衆回線が開通したわけです。

九月四日までにどのくらいのお客様をつかまえられるかというのが、新聞記者たちが最も関心を持っていたところです。九月四日までの加入契約者数は、第二電電が四十五万件、実際にＮＴＴに申し入れて接続してもらったのが二十五万件です。もう一方の国鉄は、大変なお金を使って、国鉄の駅で日本テレコムの宣伝ビラをたくさん配ったりしましたが、加入者は十四万件です。建設省・道路公団主体のテレウェイは、七、八万件です。他の二社を合わせても、私たちが断然トップです。

もちろんこれで終わりではありません。今後さらに競争は厳しくなってきますから、もっと頑張らなければなりません。なんとか今日まではうまくいき、ＮＴＴの真藤恒《しんとうひさし》社長も記者会見で、「いや、まいった。第二電電の稲盛さんには負ける。私のような造船所で船を造っていたような男よりも、電気通信事業は稲盛さんの方がうまいかもしれない」というようなことを言われたというので、新聞記者が面白おかしく書きたてています。

実際に、私はドン・キホーテのようなことをやったわけですが、そのときに何を考えたか。確かに私はセラミックスのものづくり屋ですが、「必ずソフトの時代が来る。ソフトの最たるものは情報だ。従業員の将来のことを考えれば、情報の仕事をわが社としてもしていかなければならない」と考えたのです。つまり、「会社の将来のために」が、まずは最初の理由でした。

しかし電気通信事業に参入したもう一つの大切な理由は、「一般大衆のため」ということです。通信ネットワークをＮＴＴが独占している今、東京・大阪間の三分間の通話料は四百円です。今後、正当な自由競争が行われれば、まだ相当安くなっていくはずです。我々はそれを三百円に設定しました。

独占のままでは料金は下がりません。またおそらく、経団連の並み居る大企業が集まって会社をつくられても、NTTとあまり変わらない会社ができるだけであって、一般大衆の通信料金を下げることにはならないだろう。私のようなベンチャービジネスをやってきたような男がやらなければ、料金は安くならないのではないか。どうしても既存の大企業に任せておくわけにはいかない。私のようなやんちゃな経営者がやるべきではないかと思ったのです。

私は通信事業への参入に手を挙げる前に、NTTの千本倖生《せんもとさちお》君という若い技術屋を誘いましたら、「喜んでやらせてもらいます」と言ってくれました。さらに、ウシオ電機の牛尾治朗《うしおじろう》君、セコムの飯田亮《いいだまこと》君、ソニーの盛田昭夫《もりたあきお》会長を個別に説得しました。「僕は、日本の電気通信事業の将来を大変心配している。真の意味で大衆が喜ぶような電気通信事業をするためには、今我々が立たなければならないと思う」と言って、明治維新の志士のように青くさい理想を掲げ、その三人を説得しました。

あまりにとてつもない話でしたから、みなさんは一瞬絶句していましたが、私の話を聞いているうちに、「本当におまえの言う通りだ」と賛同はしてくれました。しかし、「事は簡単ではない。相手は巨大な会社だし、おまえが責任を持つなら応援はしよう」ということになりました。つまり「応援はするが、責任は全部おまえが持てよ」ということです。

しかしここからさらに悩みました。まず考えたのが、「動機善なりや」ということでした。わが社の社員の将来のことを考えれば、電気通信事業にどうしても参入して、その遺産を社員に残すべきではないか。また何より、一般大衆の方々のために電気通信料金を下げてあげることが何としても必要だ。では、本当にそれだけか。名誉欲や成功して金儲けをしようという思いはないのか。そのことを「動機善なりや」という言葉にして自問自答したわけです。

スタンドプレイで自分を格好よく見せようとしてはいないか。目立てば新聞、雑誌が書きたてるから、そのようなことを期待しているのではないかということを、「動機善なりや」という言葉で自分に問い続けました。

もう一つ大切にしたことは、事業を遂行していく上で、「プロセス善なりや」ということです。つまり、成功せんがために卑劣な手段をとってはいないか、ということです。

こうしたことを、「動機善なりや、プロセス善なりや」という言葉で自分に問うて、「僕はそう思う」と自分で自信が持ててから、名乗りを上げたわけです。動機が善であり、プロセスが善であれば、結果を問う必要はない。思いの力を信じて、乗り出したわけです。

それから今まで、営々と約四百億円投資してきましたが、さらに四百億円以上投資して、この四年間で一千億円ぐらいの投資をするわけです。大変リスクの高い事業ですが、ここまではなんとか、美しく、強烈な思いを持続して、心に描いた通りになっています。

みなさんも思いの力を信じて、みなさんの事業に生かしていただければ、本当に立派な事業ができるのではないかと思います。

第二講

# なぜ経営者には哲学が必要なのか

（一九九五年九月十三日）

平成七年、「経営哲学塾」（致知出版社主催）における講演です。著者六十三歳、京セラは創業三十六年、第二電電は創業十一年を迎え、大企業へと成長していました。本講演には「人間として正しいことを貫くことが経営者としての第一条件である」「経営者は才能を私物化してはいけない」という著者の経営哲学が余すところなく説かれています。

## 経営者は哲学を持たなくてはいけない

私はかねてから、経営者というのは哲学を持つべきだと言っています。哲学といいますと大上段《だいじょうだん》に振りかぶったもののように思われますが、それほど難しく考えることはありません。要するに、レベルの高い人生観、そういうようなものを持ってほしいのです。

企業経営をしていきます場合、我々企業経営者は常に企業を安全な場所へ、素晴らしい場所へと導くため、あらゆる機会に物事の判断をする必要に迫られます。その判断をする基準になるのが、その人が持っている人生観なのです。ですから、なるべくレベルの高い人生観を持ってほしいという意味で、哲学を持つべきだと言っているわけです。

そう言うとちょっと難しく構えているように思われるかもしれませんので、私が京セラという会社を始めたときの話を交えながら、私の言う哲学というものについてお話ししてみたいと思います。

私は鹿児島で生まれ育って、鹿児島大学を出たあと、京都に出てきて、焼き物の会社に就職をしました。そこで京セラが今やっていますファインセラミックスの研究に従事したのが、社会に出てした最初の仕事です。その会社では足かけ四年、研究畑にいましたが、不幸にして会社の幹部と意見が合わなかったものですから、会社を辞めることになりました。ところが、それを機に、元の上司とその友人たちが「ぜひ新しい会社を経営すべきだ」と言って会社をつくってくれました。また、私の部下たちが参加したいと申し出てくれました。それが、京都セラミックという会社で、現在の京セラの前身です。

私は自分の思う通りに経営できる会社ができたと、大変張り切っていました。私と一緒に会社設立に参加した七人の仲間たちも、稲盛和夫が研究開発した技術を世間に問うための場として京都セラミックという会社ができたと大喜びしていました。

それまではいくら立派な研究をし、立派な研究成果が出ても、それを世に問うためには会社の上司や経営者の意見を聞く必要がありました。その結果、「それはダメだ」と却下されて、うまくいかなかったケースもありました。しかし、今度は自分たちのつくった会社なのだから、誰に遠慮することなく、研究開発に没頭できるというので、みんな張り切って会社が始まったわけです。

## 判断基準となったプリミティブな倫理観

私は鹿児島から出て来てまだ四年しかたっていません。そんな私が、「今日から経営者だ」と言われても、経営のケの字もわからないのです。損益計算書もバランスシートも見たことがない者が「今日から経営者だ」といって経営をやってみても、実はどうすればいいか、全くわかりませんでした。自分で研究し、つくった製品を技術屋としてお客さんに説明することはできますが、それ以外のことについては、何も知らないのです。

ところが、会社をつくったその日から、私を頼って部下が「これはどうしましょうか」と相談に来るわけです。相談をされれば、いつまでも躊躇《ちゅうちょ》しているわけにはいきません。判断をしないといけない。大変困りました。

そのとき、私は二十七歳でした。もう少し年がいっているか、大企業に勤めて管理職の経験が少しでもあったならば、経営とはこんなものだとわかったかもしれませんが、そういうものは何もないのですから、判断のしようがない。

結局、私にあるのは、小さな頃に両親やら周囲の大人たちから「これをやってはいかん、これはやってもよろしい」と教えられていたプリミティブな倫理観だけでした。それしか物事の善し悪しを判断する基準がなかったのです。

私は、こう考えました。世の中にはうまくいく企業、うまくいかない企業がある。人生も同じだ。おそらく、うまくいっている企業、またはうまくいっている人生というのは、節々で善し悪しの判断をしていった結果の集積なのだろう。その集積が、その会社の今の実績、その人のいまの人生となって現れているのだろう。さすれば、その節々での判断を誤ってしまうと、それまで順調に伸びてきていたのに、一瞬にしてダメにしてしまうという可能性もあるはずだ。判断というのは非常に大事なものなのだろう。

しかし、その判断をするための基準になるべきものを私は持っていなかったのです。そこで先に申し上げたように、非常にプリミティブな、両親の教えに準拠して判断するようにしたわけです。

## 人間として正しい道を貫く

ただ、社員に対しては、「自分は子供の時分に両親に叱られたことを基準にして判断している」と言ったのでは、あまりにも権威がなさすぎると考えて、「原理原則で判断をします」という言い方をしました。
「原理原則」というのは、わかったような、わからないような言葉です。社員からも「原理原則って何ですか？」とよく聞かれました。そこで私は、「原理原則というのは、人間として何が正しいかということです。私は、全ての判断をそれに準拠して行います」と宣言しました。企業が儲かるか儲からないかではなく、ましてや自分が損か得かということでもなく、人間として何が正しいのかを基準にして判断をしていく、またどんな障害があろうと、その正しいことを貫いていこうと思うと宣言したのです。

このように私は、大変プリミティブな、ある意味、大変幼稚な考え方を判断基準にしたわけですけれど、その原始的な倫理観に裏打ちをされた判断基準が正しかったからこそ、今日まで京セラは発展したのだと思っています。

もう一回繰り返しておきますと、経営者の条件として、まず哲学が必要です。ただし哲学といっても難しいことを言っているわけではありません。人間として正しいことを基準にして、物事の判断をすべきであるということです。それは損得勘定でもなければ、戦略戦術論でもありません。それは人間として正しい道を歩くということです。それが必要なのです。

では、その人間として正しい道というものがどこにあるのかというと、その原点は子供の頃、両親から「これはやっていい」と教えられ、「これはやってはいけない」と叱られたことです。それが判断基準になるのです。

いや、自分はもっと高度なものを求めたいと思われる方は、宗教が説く厳しい倫理観を基準にされるのもいいでしょうし、哲学者が説く哲学的な基準を参考にされるのもいいでしょう。できれば、なるべくレベルの高いものを基準にされることを私もお勧めしますが、原点は両親の教えにあるということです。

この「人間として正しいことを貫く」ということが、まずは経営者の条件の一つとなるのです。

経営者の条件として、まず哲学が必要です。ただし哲学といっても難しいことを言っているわけではありません。人間として正しいことを基準にして、物事の判断をすべきであるということです。それは損得勘定でもなければ、戦略戦術論でもありません。それは人間として正しい道を歩くということです。それが必要なのです。

## 倫理観が欠落している会社は発展しない

京セラはその後、二部上場、一部上場を果たし、今日《こんにち》まで来たのですが、このように発展するケースというのは実は決して多くありません。吹き出物は大きくなると膿《うみ》が出て潰《つぶ》れますが、それと同じように、中小企業も大きくなると潰れると言われていますし、実際にそのようなケースが非常に多いのです。

なぜ潰れるかといいますと、会社を律する倫理観が欠落しているからです。最初、小さなうちは、社長の目が隅々にまで行き届いているからなんとかなるのです。つまり、社員が数十人から数百人くらいの規模まではなんとかいくのですが、中小企業から脱皮をして中堅企業へと成長して、どんどん組織が大きくなるという時期が問題です。そのときに倫理観を身につけていない人たちがリーダーになってしまうと、とんでもない不祥事が起こりはじめます。そのために、それ以上、企業が伸びなくなってしまうことがままあるのです。

「こんなに頑張っているのに、なぜうちの会社は大きくならないんだろう」というときには、会社を律すべき判断基準を、経営者が幹部社員、全社員と共有できていない場合が多い。判断基準を徹底して社員にまで浸透させていないために、社内に混乱が生じ、発展しないのです。

## 経営管理システムのない会社は発展しない

もう一つの理由としては、経営管理の問題があります。

先ほど言いましたように、私は当初、バランスシートも読めませんでした。しかし、経営というのは経理がわからなければ話にならない、ということがだんだんわかってきました。そこで、夜、経理課長を呼んで経理を教わるようにしたのです。しかし、一方では研究もしなければならないし、複式簿記の原理から教わろうとしても面倒くさくてわからない。

そのときに、「経営というのは、手っ取り早く言えば、売り上げがたくさん出て経費が少なければいいんだな？　その差が儲けなんだな？」と聞いたら、経理課長は「そうです」と答えました。「それなら簡単だ。経理を知らなくてもいい」と私は思いました。売り上げを最大に伸ばして経費を最小にすることだけを考えればいいじゃないか、と思ったのです。

そんなこと当たり前だと思われるかも知れませんが、当たり前ではないのです。多くの経営者の皆さんは、売り上げを増やせば経費も増えると思っておられるはずです。私の考え方はそうではありません。売り上げが増えても経費を増やさなければいい、と考えます。要するに、材料費などコストができるだけかからないようにするのが一番だと考えたのです。それは頭を使って付加価値を生み出すということと同じ意味です。知恵によって売り上げを増やし、経費を減らしていこうと考えたのです。

知恵の塊《かたまり》ならば原料は必要ありません。売り上げがいくら増えてもコストはかからないのですから、全部利益になります。そのように売り上げを伸ばしてもコストが少ない会社にしていけばいいと考えたのです。そのためには、経理屋さんに経理を任せるのではなく、工場の現場、営業の現場などすべての部門の採算がわかるシステムを築き上げればいいというわけで、私の言う「アメーバ経営」を中小企業のときにつくりあげました。

この「アメーバ経営」を使えば、いくら会社の規模が大きくなっても、各部門の採算状況が詳細かつリアルタイムに見えるのです。今、一兆円を売り上げている企業全体の、どの小さな事業部門でも、月末が終わって次の一週間以内には採算がはっきり見えるわけです。ですから、どの事業部のどこが問題で、どこが赤字を出しているかが短時間で全てわかります。

そういう管理会計システムを構築しないと、事業が拡大していったときに問題点が見えなくなります。それが大きな失敗につながるのです。つまり、大きくなったがために、経営の実態が見えなくなってしまって没落していくというケースが多々あるのです。

それを防ぐために、私は社員一人ひとりが経営者と同じ意識で仕事に取り組むことができるようなシステムをつくり上げたのです。その結果として、京セラは規模の拡大を成し遂げることができたのです。

## アメリカ子会社に求めた哲学の共有

一九九〇（平成二）年、アメリカ東海岸のサウスカロライナにあるＡＶＸというニューヨーク証券取引所に上場していた会社を買収して、京セラの子会社にしました。数千人の従業員がいる大きな会社です。

アメリカにある会社ですが、京セラの百％子会社になったときから、哲学を共有しなければならないと私は考えました。日本の京セラが持っている哲学と、資本主義のメッカであるアメリカ企業の会長や社長が持っている哲学が共通であるはずはありません。それでも、彼らと哲学を共有しようと、私は考えました。

私の「人間として何が正しいのか」という判断基準の原点は、両親の教えにあると言いましたが、長ずるに及んで私は、仏教をはじめとする宗教や中国古典などに触れるようになり、「人間として正しいこと」はより明快なものとなってきました。

私はそのような自分の考えを、『心を高める、経営を伸ばす』（ＰＨＰ研究所刊）という本にまとめたのですが、その本を英訳しまして、買収した会社の会長・社長・幹部社員に読んでもらうことにしました。そして、それをもとに一度京セラの経営哲学を共有するためにディスカッションをしようということになり、アメリカに乗り込んでいきました。

英訳をしてくれたのは、現地にある京セラインターナショナル（ＫＩＩ）という子会社の副社長をしてくれていた人です。彼はオレゴン州立大学の経営学の教授をした経験があり、京セラのアメリカ法人の教育担当でもありました。その副社長がディスカッションの前日、私に「大変です」と言うのです。

英訳した本を一週間前に渡して読んでもらい、感想を提出してほしいと言ったところ、皆、感想文をよこしてきたというのです。ところが、その内容が大変だというのです。

要するに、「こんなとんでもない思想を押しつけられたのではたまらない。我々は資本主義社会で鎬《しのぎ》を削っているのに、こんなおかしな東洋哲学を持ってこられてはたまったものではない。我々はお金のために働いているのに、この本には『お金のために働いてはいけません』と書いてある。こんなばかげた話はない」というわけです。

その副社長は、ディスカッションを一日半くらいの予定で行おうと計画していたらしいのですが、このままでは収拾がつきそうにないというので、半分くらいの時間に縮めたいと申し出てきました。私は「もとのままでいい」と言って、デイスカッションに入ったのです。

## 国境を超えて通じ合う、あるべき人間の姿

ディスカッションでは、「本の何ページの文章は受け入れられません。こういう考えを押しつけられるのだったら、我々は一緒に経営できません」というような反論が次々に出ました。二百人くらいの幹部が集まっていましたが、私は一人で彼らの意見に答えていきました。

たとえば、先ほども言ったように、「人間はお金のために使われてはいけません」という項目がありました。それを彼らは「とんでもない」というわけです。そこで私は「皆さんもそうは思いませんか？」と問いかけました。

「確かにお金のために使われてはいけないと言っていますが、日本と同じような状態で働いてくれ、とは一言も言っていません。アメリカの経済的慣習も勘案《かんあん》し

ています。この国では、お金がインセンティブになって経営者のモチベーションを高めていることもよく知っています。皆さんがアメリカで持っておられるビジネスの常識は、それはそれで実行しようと思っています」と言いました。

実際に、そのＡＶＸという会社の会長にも社長にも、私が日本でいただいている給料よりはるかに高い給料を払っているのです。

そして、私は彼らにこう尋ねました。

「しかし、資本主義社会の中にあっても、ある人が休日も教会の仕事をボランティアでやっているとしたら、『あの人は立派だ』と皆さんの社会では言いませんか？　言うでしょう。私はお金に釣られて仕事をやるよりは、そのように、お金を度外視して働くことが立派だと言っただけなのです。皆さんにはそれが納得できないのでしょうか？」

そう言うと、彼らは「それは納得できます。お金目当てではなく、一所懸命に奉仕活動をしている人は立派だと我々も思っています」と同意してくれました。

このように、彼らの質問一つひとつに丁寧に受け答えをして、私は彼らの反論を次々に論破していきました。そうしたところ、その会社の会長と社長が夜遅く私のところにやって来て、こう言いました。

「今日の話はよくわかりました。あなたの言うことは、我々が今まで少し忘れかけていたことかもしれません」

## 資本主義社会の根底にも倫理観がある

マックス・ウェーバーが説いたように、資本主義の勃興期《ぼっこう》には非常に強いプロテスタントの倫理観が社会を支配していました。産業革命が起こって、ヨーロッパで資本主義が勃興してきた頃に経営者になった人たちは、熱心なキリスト教徒だったわけです。その人たちは、キリスト教、とくにプロテスタントの非常に厳しい倫理観をバックボーンに、経営に努めたのです。

つまり、初期の資本主義の時代には、キリスト教的な素晴らしい博愛精神と人道主義を持った方々が経営を行っていたのです。

だからこそ、素晴らしく資本主義が発達していったのです。ところが、資本主義が発達していくに従って、そういうキリスト教に特有な倫理観がどんどん欠落してしまいました。その結果として、近年の拝金主義的な資本主義の退廃が見られるようになっているのです。

ただし、現代のアメリカの経営者たちも、みんな根本にはキリスト教的な素養を持っています。だから、彼らはこう言っています。

「そういった考え方が立派なものだということは知っています。それを我々は日常の判断基準に使っていなかっただけです。利益追求が我々の判断基準だと思っていました。けれど、あなたが言うような倫理観は、人間の本質としては大切なことです」と納得してもらえました。そして、彼らはそのような考え方を共有することを決めてくれました。

## 経営者が持つべき哲学とは

買収したばかりのアメリカの保守的な企業の幹部経営者たちが私の思想に共鳴したのを見て、私とともに二十年間アメリカで経営してきた京セラインターナショナルの幹部たちはびっくりしていました。「自分たちは稲盛和夫の思想がよくわかっていなかった」と反省をして、彼らまでもが変わりはじめたのです。

その結果、何が起こったかと言いますと、ＡＶＸは買収して六年間で売り上げが三〜四倍になり、利益は六倍になりました。そして再度、ニューヨーク証券取引所に上場したのです。

このように、会社の経営哲学の共有は、たとえ民族が違い、歴史が違い、言語が違う海外であっても可能なのです。それをお話しするために、少し自慢話みたいなことを言わせていただきました。

繰り返しますが、経営者の条件として哲学が必要です。そして、その哲学とは「人間として何が正しいのか」ということが原点になります。「人間として何が正しいのか」という問いは、哲学問答であると同時に、経営者が持つべき哲学を確立することにもなると、私は考えています。

## あらゆるものに神仏が宿る

先ほどから何度も「人間として何が正しいのか」という話をしていますが、人間の本質とは何かと考えてみたら、仏教、とくに比叡山の天台宗あたりでは、人間の本質またはものの本質を「山川草木悉皆成仏《さんせんそうもくしっかいじょうぶつ》」というふうに話しています。山も川も草も木も皆ことごとく仏なり、というのです。つまり、森羅万象《しんらばんしょう》あらゆるものには仏が宿るのだというわけです。

我々は子供の頃、ご飯粒をこぼしたりすると、おじいさんやおばあさんから

「お米一粒にも仏さんが宿っているんだよ」とか「粗末にしたら目がつぶれるよ」というふうに諭《さと》されたものです。仏教では、生きとし生けるものはもちろん、森羅万象あらゆるもの、無生物に至るまで仏が宿っているというふうに教えています。

また、インドで大変有名になったサイババという人がおられますが、このサイババという人は「私は神の化身《けしん》である」、つまり神が姿を変えたものだというふうに言って、いろいろな奇跡を起こしておられました。

そのサイババに、「あなたは神の化身ですが、私は何ですか？」と聞くと、「あなたも神の化身です」と答えます。「じゃあ、私とあなたの違いは？」と聞くと、「私は自分を神が姿を変えたものだと自覚をしているけれど、あなたはそれを自覚していない」というような説明をしてくれました。サイババに言わせると、人間には皆、神様が宿っているというわけです。

すなわち、仏教では仏が宿ると言い、サイババは神が宿ると言っているのです。

## 人間の本質を訪ねる

そういう中、イスラム哲学の大家であられる井筒俊彦《いづつとしひこ》先生が、人間の本質について次のように述べておられるのを本で読みました。

井筒先生は東洋哲学の大家であると同時に、人間の本質を解き明かそうとしてヨガの勉強もされています。そして、瞑想《めいそう》を通じて自分自身というものはなんなのかということを探求しておられたのです。

井筒先生によると、静かに瞑想をしていくと、普通に生きているときのザワザワする意識状態がどんどん精妙な意識に近づいていって、限りなく透明感のある状態になり、精神統一がなされていくと言います。そのときの状態を先生は「意識はしっかりあるのだけれど、五感が消えてしまい、ただ単に自分がそこに存在するとしか言いようのない意識状態」というように表現されています。

これは仏教でいうところの解脱《げだつ》、悟りを開いた状態です。ヨガの聖人が言うには、瞑想をして精神が静かになっていくと、最後には限りない幸福感に満たされ、とめどもなく涙があふれるそうです。いわゆる随喜《ずいき》の涙が流れるのです。それを仏教では三昧《ざんまい》の境地と言っています。

井筒先生も瞑想によってそのような状態、つまり現在、存在しているという意識は明瞭にあるが、その他の感覚はすべて消えてしまっているという状態を何回も経験されているのです。そのような意識状態では、自分はもとより、周囲のすべてのものが、ただ存在としか言いようのないものでできている、と感じられます。そして先生がおっしゃるには、普通、人は花を見て「ここに花が存在する」と言うけれども、私は「存在が花している」と言ってもいいかもしれない。すなわち、存在としか言いようのないものが花を演じていると言ってもいい、と言われるのです。禅問答みたいな話ですが、井筒先生はそういうことを書いておられます。

この井筒先生の言葉に、京大の名誉教授で国際日本文化研究センターの所長もしておられた心理学者の河合隼雄《かわいはやお》先生が感銘を受けられて、ご自身の本の中に、「ああ、あんた花してはりまんの。わて河合してまんねん」と京都弁で書かれています。あなたという存在はこの世で花を演じておられますが、私という存在はたまたま河合隼雄という男を演じていますよ、ということです。

その河合先生の本を今度は女優の岸田今日子さんが読まれて感激されたことを、ある新聞の読書欄に投稿されていました。私はそれを読んで、岸田さんという方はなんと精神のレベルが高い、素晴らしい方なのかと感嘆しました。

## すべてのものには存在する意味がある

この話をかいつまんでお話ししますと、森羅万象あらゆるものが同じルーツ、同じ存在としか言いようのないもので成り立っているというわけです。だから、

「あなたという存在は花を演じておられますか。私という存在は河合隼雄を演じておりますよ」という表現になるわけです。

そして、皆さんも等しく同じ条件の「存在」としか言いようがないものが姿を変えておられるのです。サイババの言葉を借りれば、神様が皆さんに化身をして今の現在の姿になったのですし、天台宗の言葉で言えば、仏様が皆さんに化身していることになります。

この地球上には現在数十億の人が住んでいますけれど、その人たちはそれぞれ姿形も違えば、性格も違い、能力も違います。なぜ、能力も違い、顔形も違い、考え方も違う人たちがそんなに数多く生まれ出てきているのでしょうか。もとはと言えば、同じ神様、同じ仏様ではないのか。「存在」としか言いようがないものなのではないのか。それがなぜ違うのかという疑問が生じます。

そのとき私がまず考えたのは、「私とは何者だろう。なぜ私は経営者となったのか。私だから京セラは成功したのか」ということでした。

もともとは同じものだったはずなのに、現世に生まれてきた結果に大きな違いがあるわけです。容姿が違うし、才能も違います。人生で成功する人もあれば、大変に苦労する人もいます。能力が違うのだから結果が違うのは当たり前じゃないかと言ってしまえばそれでおしまいですが、なぜそんなことになったのか。神様は、なぜそんな不公平なことをされたのでしょうか。

それについて私はこう考えました。多様な人がいなければ社会は構成できないのではないか。同じ「存在」だけが数十億もいても社会は構成できない。この社会を構成するためには、いろいろな能力の人が存在する必要がある。ゆえに神様は、もとはといえば同じ「存在」なのに、現世に生まれてくるときに一人ひとりの容姿を変え、能力を違えたのではないか。

しかし、それはあまりにも不公平ではないか。生まれながらにして体に障害を持って生まれてくる子どももいるし、また大変不幸な人生を歩む人もいる。なぜそんな過酷な試練を神様は与えられたのだとおっしゃるかもしれません。

確かに身体に障害を持って生まれてきた子どものご両親は苦しまれるでしょう。しかし、その子は障害によって両親を愛に目覚めさせるという任務を持って生まれてきたのかもしれません。あるいは親類縁者や近所近辺の人たちが、そういう子どものために尽くそうという愛を抱くように生まれてきたのかもしれません。そういう身体障害を持って生まれてくる必要はないではないかと思われるかもしれませんが、やはりその子も立派な任務を持ってこの世に生まれてきているのです。

この世に存在する森羅万象は、無駄なものは一つもないのです。それはあるべくして存在する、つまり必然性がある。また、そのような多様性があるために、社会が構成できると私は考えたのです。

## たまたま主役を演ずる役割が当たっただけ

そうすると、私自身は先ほど言いましたような判断基準を持って経営をして、たまたまそれがうまくいったと考えていましたけれど、実は才能もあったのではないか。セラミックスの研究にしても、または第二電電（現・ＫＤＤＩ）の経営にしても、全く誰もやったことのない仕事を展開していくことができたというのは、それ相当の才能があったためなのではないかと思いました。

それと同時に、それを行うのは私でなくてもよかったのではないかとも思いました。社会にはいろいろな人間が必要だというので、創造主はたまたま稲盛和夫という男にそういう才能を与えただけであって、他に人がいれば、その人が私の代わりをしても一向に構わなかったのです。

社会を一つの舞台と考えれば、この現世という舞台で主役を演ずる人、脇役を演ずる人、黒子を演ずる人、大道具小道具をやる人、主役のメイクをする人や衣装を縫う人も必要です。そういういろいろな人がいて、初めて舞台ができるのです。私にはたまたま主役を演ずる役割が当たっただけで、もし別の人にその役が当たっていたとしても、人生の舞台は進んでいたはずです。

そう気づいたとき、私は背筋が寒くなりました。確かに京セラという会社は現代に必要だったのでしょう。第二電電という会社も必要だったと思います。しかし、その会社をつくって経営するのは私である必然性はなかったのです。

## 才能を私物化してはいけない

人は成功していきますと、つい、うぬぼれてしまいます。俺には才能がある、俺は切れ者だ、だから俺は成功したのだ、と思い、その才能を私物化するようになります。そして、俺は会社の社長なのだから、一億や二億の給料をもらっても当然ではないかと考えるようになっていく。

ところが、そうではなかったのです。創造主は私に才能を与えてくださった。それは、それによって社会がうまくいくのだから、私の才能を世のため人のために使いなさいということで与えられたものなのです。それを勘違いして、才能を自分のためにだけ使い、自分だけがエンジョイしたのでは、たまたま才能を与えられなかった人たちはみじめになってしまいます。

才能がある人ない人、そして障害を持った人、いろいろな人が世の中に生まれ出てきて、その人たちが皆、世のため人のために尽くすことによって社会がうまくいくようになっているのです。それなのに、いくら才能があるからといって自分の才能を全部自分のために自由に使ったのでは、世の中は不幸になってしまいます。才能を私物化してはいけないのです。

おそらく皆さんも、経営の才能があって経営者となられたのでしょう。そうであればこそ、その才能は従業員のために使わなくてはいけません。同時に、皆さんの会社を支えてくれるお客さんのために使わなくてはいけません。そして、それでもまだ才能が余っているのなら、地域社会に貢献をしなさい。そのために、神様はあふれるような能力を皆さんに与えたのです。私はそういうふうに考えました。

それに気づいたのはだんだん会社が立派になって、ともすれば、私も天狗《てんぐ》になりそうな時期でした。そのとき私は愕然《がくぜん》としました。そして、これは大変なことだ、決して才能を私物化してはならないのだ、と気を引き締めたのです。

## 利他の心で経営を行う

そのように思って社会を見渡してみれば、政官財界のあちこちで、さまざまな不祥事が続出しています。私などより遥かに優秀で、立派な仕事をしてこられた方々が没落していかれる様子を見受けます。それらのすべてが、能力のある人たちがその能力を私物化した結果としてもたらされたものなのです。

ですから私は、ここに集まっておられる経営者の方々、企業のリーダーの方々には、ぜひとも哲学と呼べるほどのレベルの高い判断基準を持っていただきたいと思います。

それを自分で考えるのが難しければ、哲学や宗教の立派な本を読まれればいいでしょう。または、成功した人たちの本を読まれれば、そこにちゃんと書いてあります。最初はその立派な哲学を借用すればいいのです。借用して、それが身につくように努力してください。朝晩とそれを読み、自分のものにしてください。

そうやって、素晴らしい判断基準なり哲学を自分のものにしていただくと同時に、皆さんがもしも素晴らしい才能をお持ちであるならば、それはぜひ従業員のために、またはお客さんのために、社会のために使うようにしていただくと、会社は自分が思ったよりも遥かに素晴らしくなっていきます。

利己《りこ》、己を利するために、利益を追求することから離れて、利他《りた》、他人をよく人は成功していきますと、つい、うぬぼれてしまいます。俺には才能がある、俺は切れ者だ、だから俺は成功したのだ、と思い、その才能を私物化するようになります。そして、俺は会社の社長なのだから、一億や二億の給料をもらっても当然ではないかと考えるようになっていく。

ところが、そうではなかったのです。創造主は私に才能を与えてくださった。それは、それによって社会がうまくいくのだから、私の才能を世のため人のために使いなさいということで与えられたものなのです。

してあげようという優しい思いやりをベースに経営していきますと、会社は本当によくなります。「そんな博愛主義みたいな甘っちょろいことで経営ができるか」とおっしゃるかもしれませんが、経営の極意というのは間違いなく利他にあるのです。

従業員が喜ぶようなことをしてあげれば、従業員はさらにハッスルして頑張ってくれます。だから会社はよくなります。お客さんに喜ぶようなことをしてあげれば、お客さんは会社を応援してくださいます。だから会社はよくなるのです。

もちろん、経営上の計算というものは必要です。その計算を間違って、たとえば仕入れ値よりも安く売ってお客さんを喜ばせるというのでは、いくら利他でも経営が成り立っていきません。ですから、適正な利益を頂戴して経営を行うことがベースなのですが、その上で、いかに利益を追求するかと考えるだけではなく、利他の方向へ考えを持っていくことが非常に大事だと私は感じています。

## ビッグバンと宇宙の進化

なぜそういう優しい思いやりの心を持てばうまくいくかと言いますと、この宇宙というものが、そういう仕組みになっているからではないかと私は思うのです。証明してみろと言われて証明できるものではないのですが、私はそう信じています。とはいえ、納得できない人が多いものですから、私は次のように説明しています。

現在の物理学では、この宇宙の開闢《かいびゃく》は一握りの高温の素粒子が大爆発を起こしたことに始まるとされています。いわゆる「ビッグバン・セオリー」です。そして、素粒子の大爆発から誕生した宇宙は、現在も膨張《ぼうちょう》し続けているというのが「インフレーション・セオリー」と呼ばれる考え方です。これは世界の物理学者の方々が唱えていることで、物理学の定説になっています。

ところで、今、素粒子といいましたが、素粒子というのはどういうものなのか。私たちの周りにはいろいろな物体がありますが、それらはすべて原子からできあがっています。皆さんは中学・高校で元素の周期表というものを習われたと思います。あの表にある一番小さくて軽い原子は水素原子ですが、水素原子は原子核の周囲を電子が一個だけ回っています。次に、この原子核を壊すと、原子核の中には陽子と中性子と中間子といったものがあります。この三つがくっついて原子核をつくっているのです。

さらに、この陽子を壊すと素粒子が出てきます。中性子を壊しても、中間子を壊しても、そこから素粒子が出てきます。すなわち素粒子とは、物質を構成する最小単位なのです。この素粒子は現在までに何十種類という数が見つかっています。

現在も粒子加速器という巨大な設備を用いて、物質の本質は何かを調べる研究が行われています。たとえば、地下に大きなトンネルを掘って粒子を超高速で飛ばして原子核を壊して、その本質を見極めるという研究が世界中で進んでいます。それによって原子核を構成する陽子も中性子も中間子も、全部素粒子でできあがっていることがはっきりしています。

現在の物理学では、宇宙の始まりは素粒子であり、素粒子が爆発して膨《ふく》らんでいったとしているわけですが、この膨らんでいくときに複数の素粒子がくっついて陽子をつくり、中性子をつくり、中間子をつくったのです。

さらに、この三つがくっついて原子核をつくり、そこへ素粒子の一種である電子がくっつくことによって水素原子が生まれ、さらにこの水素原子が二つくっついてヘリウムという原子ができるのです。また、その原子が集まって分子が形づくられ、さらにその分子は高分子となり、そこに遺伝子がトラップされて、細胞となっていくのです。

宇宙には最初、素粒子しかなかったのに、一瞬たりとも留まるところなく、ビッグバンの瞬間から次から次へと進化を遂げて今に至っているのです。

## すべてが幸せになるのが宇宙の法則

すなわち、無生物も進化をしてきたのです。もしも進化をしなかったなら、宇宙は今でも素粒子のままだったはずです。当然、我々も存在するはずがありません。

その素粒子が、原子核をつくり、それが原子になり、さらにくっついて大きな原子をつくり、それがまた分子をつくり、どんどん物をつくっていって、揚《あ》げ句《く》の果ては植物をつくり、動物をつくり、そして最後にはこんなに素晴らしい人類までもつくっていった。

生物だけを考えると生物の進化論で片づく話ですが、無生物である原子も進化をしてきたという点が重要なところです。宇宙というのは、一瞬たりとも留まることはなく、進歩発展する方向へ流れていったのです。それが宇宙の法則なのです。

宇宙にはそういう意識、意志が流れています。つまり、宇宙というのは森羅万象あらゆるものが幸せになる方向に流れているのです。すべてが進歩発展する方向に流れている。決して会社が潰れるとか、人生がうまくいかなくなるようにはなっていないのです。

宇宙ができたときから、生きとし生けるものはもちろん、無生物までがうまくいくようになっている。だから、最初は一握りの素粒子でしかなかったものが、今日こんなに素晴らしい宇宙をつくりあげてきたのです。

## 利他の心があれば必ず成功できる

宇宙にはそういう「気」が流れているといっても、気なんてものは信じられないとおっしゃる方もいるでしょう。そういう方は、現代物理学を思い浮かべて、宇宙にはすべてのものを進化発展させる法則があると考えればいいのではないでしょうか。

その法則をキリストは「この宇宙には愛が満ち満ちています」と、愛という言葉で表現したのです。お釈迦様は「この宇宙には慈悲の心が満ち満ちています」と、慈悲という言葉で表現しました。だから、すべてのものがうまくいくようになっているのです。つまり宇宙は、どんな逆境にある人でも、差別なく、うまくいくようにしてくれているわけです。

では、うまくいかないのはなぜなのか。それは自分だけがよければいいという利己の心があるからです。宇宙は「自分だけ」などとは思っていません。みんながうまくいくようにと思っている。つまり利他なのです。その中にあって、自分だけが「人を蹴落《けお》としてでもいいからうまくいきたい」と考えたとしたら、それは宇宙の意志に反する精神作用ですから失敗するのも無理はありません。つまり、自分でもがいて、自分で失敗しているのです。

だから、愛に目覚め、利他の心で生きなさいと、キリストもお釈迦様も言っているのです。お釈迦様とキリストも、宇宙の法則を知っておられたのだと思います。

最先端の物理学から考えてみても、宇宙はみんなが幸せになるようになっているのです。それなのに幸せになれないとしたら、それはその人の心に問題があるのです。それは経営も同じです。美しい心でみんなのために一所懸命頑張れば、必ず成功します。もちろん、努力はしなくてはいけません。心がきれいなら成功するといって、寝ていたのでは成功するわけがありません。会社経営なんていうものは、誰にも負けないくらい頑張って、身を粉《こ》にして働かなければうまくいくわけありません。

ただし、誰にも負けないくらい働いたのに人と同じ給料ではやっていられない、というのは間違った考えです。皆さんが夜遅くまで一所懸命頑張られるのは、従業員のため、お客さんのためなのです。それは当然であって、そのために喜んで働くような気持ちがベースになければ、会社は決してうまくいきません。

宇宙の法則に従えばすべてうまくいくように仕組まれているのです。ただし、その法則を生かすためには利他の心が必要なのです。ここのところを忘れないでください。

# 第三講

# 安岡正篤師に学んだ経営の極意

（一九九七年三月二十九日）

平成九年、著者六十五歳。安岡正篤師の生誕百周年と、師の教えを学び、啓発し合うことを目的につくられた、関西師友協会の創立四十周年を記念する大会での講演です。中国の古典『陰騭録』をひもときながら、人間としてのあるべき姿、リーダーとしての考え方、さらには経営の要諦について述べています。

## 自然に頭の下がるような人

社会に出てから今日まで、私はたくさんの方々からいろいろな影響を受けましたが、その中でとりわけ大きな影響を受けた二人の方がいます。それは安岡正篤《まさひろ》先生と中村天風《てんぷう》先生です。

今の私があるのはこの二人の感化があったからである、と感謝をしています。

安岡先生の本はたくさん読ませていただいています。人間学を究めた、大変立派な人格者であり、素晴らしい人間性を持つ人徳者であり、また器量の大きな人であると聞いていました。そのように名高い安岡先生とはどういう方なのだろうか。一度謦咳《けいがい》に接してみたいと思っていましたが、残念なことに機会がありませんでした。

京都にムーンバットという会社があります。社長の河野卓男《こうのたくお》さんは私より一まわり以上も年上でしたが、大変に仲のよい人でした。その河野さんに「一度安岡先生という方にお目にかかってみたい」と話すと、河野さんも「自分も会ってみたいと思っているんだ」とおっしゃっていました。そのうち河野さんは関西師友協会のメンバーになり、「安岡先生にお会いすることになった」と大変喜んでいました。

安岡先生は人格が身体からにじみ出てくるような方だと想像していましたから、河野さんの感想を聞くのを楽しみにして待っていました。

しばらくして河野さんに早速どんな人だったか尋ねたところ、「安岡先生の前に出たら、自然と頭が下がって、もう顔が上げられなかった」という話をされました。

河野さんは京都きっての論客と言われた方です。その人が「自然に頭の下がるような人」だと言うのです。安岡先生という方はどんな方なのだろうかという思いが募り、ますますお会いしたくなりました。河野さんからも「君も一度案内したい」と言われ、楽しみにしていたのですが、その前に先生が亡くなられてしまいました。

## 運命は変えられる――『陰騭録』の教え

お目にかかってもいない私が、先生のことを語るのは非常に僭越《せんえつ》ですが、今の私があるのは、安岡正篤先生と中村天風先生のお二人のおかげだと考えています。私が今日まで仕事をする中で、どのようなことを考え、安岡先生の教えを生かしてきたか。

私は鹿児島の出身で、大学まで鹿児島にいました。二十三歳で京都へ出てきて、四年ほど会社勤めをしてセラミックスの研究をしていました。二十七歳のとき、私のことを理解してくれる方のご支援もあり、京セラをつくって独立しました。田舎で育ち、決して立派な大学を出たわけでもない私が経営する京セラが、現在では連結ベースで売り上げ高七千億円という規模になりました。昭和五十九年につくらせていただいた第二電電（現・ＫＤＤＩ）は、創業から十三年を迎えた今、売り上げ一兆円という規模になりました。

これはひとえに、社会へ出てから四十年以上もの間、安岡先生と中村先生の教えに忠実に従って努力を重ねてきた結果です。

私は経営を続ける中で、人生とは何だろう、人間とは何だろうということを絶えず考えてきました。安岡先生の本には、その答えが簡潔明瞭に書かれています。

人生は運命として決まっている。しかしそれは天命であり、宿命ではない。その人の思いと行いによって運命は変えられるということを、先生は明確におっしゃっています。このことは、私が若い頃に読ませていただいて大変感銘を受けた『運命と立命《りつめい》』（後に『「陰騭録《いんしつろく》」を読む』に改題／致知出版社）にもあります。

『陰騭録』とは、中国の袁了凡《えんりょうぼん》という人が書いた本です。日本では豊臣秀吉が生きていた時代の人ですから、それほど古い時代の人ではありません。

『陰騭録』とは次のような話です。袁了凡がまだ幼い頃、仙人のような老人が通りかかりました。その老人は了凡少年を見て、「私は南の国で易学を勉強してきたのだが、天の命ずるところによって、この国まで君を訪ねてきたのだ」と言います。

南の国とは、いまの雲南省のことです。そこで了凡少年に易学を教えよという天命を聞いてやってきたというのです。老人は一夜の宿を所望しました。

了凡少年の家はすでに父親が亡くなって母子家庭でしたが、少年はお母さんに頼んで老人を家に入れます。そして一夜のもてなしをしているときに、老人はしみじみと少年の顔を見ながら、次のようにお母さんに語りかけるのです。

「お母さんはこの子を医者にしようとお考えのようですが、彼は医者の道には進学せず、官僚の道を歩むことになります。官僚になるための試験は何段階もありますが、何歳のときには、こういう試験を受けて何人中何番で通り、次の試験は何番で合格します。やがて出世して地方の長官に任じられます。結婚はしますが、残念ながら子供には恵まれず、五十三歳で息を引き取るでしょう」と言うのです。

## 人は天命のままに生きるにはあらず

了凡少年は老人の言うことを別に信じたわけではなく、聞くともなしに聞いていました。

やがて了凡少年は成長し、官僚の道を進むために勉強を始めます。そして科挙の試験では老人が言った通りの結果が出ます。何人中何番ということまでそっくりそのままです。不思議に思いながらも、了凡は運命の導くままに歩んでいきました。

老人が言ったように、了凡は官僚の道を順調に歩み、ある地方の長官に任じられて赴任します。その県には、立派な老師がいる禅寺がありました。そのことを聞いた了凡は参禅し、三昼夜、老師と一緒に坐禅をしました。

まだ若い長官が一点の曇りもない、邪念のない静かな坐禅を組む様子を見て、老師は、なんと立派な男だろうと感心し、「お若いのに、あなたには雑念・妄念《もうねん》がない。どこでそれほどの修行をし、そこまでの人物になられたのか」と尋ねました。

そこで、了凡は幼い頃に出会った、仙人のような老人の話をしました。「今までを振り返ってみても、老人が言ったことと寸分の狂いもない人生を歩んできました。私の運命はもう決まっているのです。老人が言った以上のことはないでしょうし、それ以下のこともないと思います。何を悩むことがありましょう」と言いました。

それを聞いた老師は大変な剣幕《けんまく》で怒ります。若くして悟りを開き、心に一点の曇りもない素晴らしい男だと思ったら、そんな馬鹿げたことを信じていたのか。賢人かと思ったら大愚《たいぐ》であった、と怒るのです。

老師は、「確かに人はすべて生まれたときに運命は決まっています。それを天命と言います。しかし天命のままに生きる人がいますか」と説きました。それでは運命を変えるにはどうすればいいのかと言うと、老師は、善きことを行うことだ、と言うのです。

了凡は大変に素直な人だったと見えて、今までの自分の人生の過ごし方がいかに間違っていたかに気がつきます。そして家で、老師から言われたことを奥さんに話しました。

奥さんも大変素直な人だったようで、了凡と一緒に協力して、善きことを思い、善きことを行えば○、悪しきことを思い、行えば×をつけて、それからの人生で少しでも多くの善行を積もうと努力を積み重ねていきました。

## うまくいきはじめたときに慢心してはならない

後に了凡は自分の息子に、次のように言いました。

「お父さんはお前が生まれる前に、老師からこのようなことを言われ、人生について考え直した。それからお母さんと一緒に、善いことを思い、行うようにしてきた。その結果、幼い頃に会った老人には、子供はできず五十三歳で息を引き取ると言われたのに、お前が生まれ、私は六十九歳になった」

さらに了凡は、自分の前半生を振り返りつつ、息子に次のように教えています。

「禍福《かふく》は人間の力ではどうすることもできない天命であるというのは、世の俗人の論だ。聖人や賢者が述べた真実の言葉にもあるように、禍福には自分から求めないものはないということがわかった」と言うのです。

安岡先生の『「陰騭録」を読む』によると、了凡はさらに息子を戒《いまし》めて、次のようなことを言っています。

「私にはお前の運命がいかなるものであるかはわからない。しかしもしお前が大変に出世して有名になったとしても、まだ志をなし得ず落魄《らくはく》していた昔の気持ちを忘れないようにし、決していい気になってはいけない。

もし順当に自分の思うままの運命になったとしても、意のままにならなかった昔のことを忘れてはならない。

もし豊かになり衣食に事欠かぬようになったとしても、貧乏だったときの気持ちを忘れてはならない。

また、お互いに敬愛し合うようになったとしても、甘えることなく常に反省して慎むことを忘れてはならない。

もし家が代々世間の人望を集めるようになったとしても、身分が卑しく人から顧みられなかったときのことを忘れてはならない。

もし学問が優れるようになったとしても、まだ浅学固陋《せんがくころう》でものを知らなかったときの気持ちを失ってはならない」

『「陰騭録」を読む』の最後で、安岡先生は、自分の運命が好転し、うまくいき始めたときには慢心してはならない、ということをおっしゃっているのです。

## 「世のため人のために尽くす」ことで運命を変える

宇宙の真理を解くことは大変に難しいことだろうとは思います。ですが、難しいことを難しく理解して、難しい人生を歩くことほど難しいことはなかろうと思います。私は難しいことを単純に理解して、そこに真理を見出し、それを守ることによって人生は全《まっと》うできると思います。

私は化学の技術屋で、ずっとセラミックスの研究一筋できました。ですから、哲学的、文学的な本をたくさん読んだわけではありません。しかし、安岡先生の本を読ませていただいて、自分がどういう運命を持って生まれてきたかはわからないにしろ、善きことを行うことによって、運命がいい方向に行くであろうということを学びました。

運命とはその人の行いによって変わるものであり、同時に禍福とは自分が思い、求めることによって得られるものであると、安岡先生は『陰騭録』を通しておっしゃっています。

仏教には「思念《しねん》は業《ごう》をつくる」という言葉がありますが、それも同じことです。業はカルマとも言います。ものごとを思ったり念じたりすると、仏教でいう因果《いんが》応報の「因」（原因）をつくります。業は原因ができると、必ず現象として現れてきます。これが因果応報です。

世のため人のために尽くそうなどという、大上段に振りかぶったようなことを言うと、インテリであればあるほどせせら笑う人が多いようです。しかし、世のため人のために尽くすことほど立派なことはありません。

私たち一人ひとりが生まれてきた人生の目的は、世のため人のために尽くすことです。仏教では一燈照隅《いっとうしょうぐう》といいますが、どんな人でも何がしかの素晴らしい役割を持って生まれてきたわけです。その役割を通じて、世のため人のために尽くすことが大事なのです。

世のため人のために尽くすことによって、自分の運命を変えていくことができます。自分だけよければいい、という利己の心を離れて、他人の幸せを願う利他の心になる。そうすれば自分の人生が豊かになり、幸運に恵まれる、ということを仏教は説いているのです。

天台宗の山田恵諦《やまだえたい》座主に、生前何度かお目にかかってお話をさせていただく機会がありました。あるとき、「忘己利他《もうこりた》」という言葉を教えていただきました。

私はこれを「もう懲《こ》りた」と読むようにしています。自分だけよければいいという考えには、もう懲りたというように思うようにしてきたのです。そのように思うことが人生を豊かにしていく基だと、安岡先生からも教わりました。

## NTTへの挑戦に私を駆り立てた思い

ところが、事業経営をしている方の中には、このような話を聞くと、事業経営とは利潤を追求するものなのだから、「利己を捨てて利他の心に徹するとか、他人を愛しなさいなどというきれいごとで事業ができるのか」と納得されない方もいます。

善きことを追求することで、事業を発展させることができる、と私は信じていますし、自分自身でも実践してきたつもりです。その一つの実例が、昭和五十九年に私が設立した第二電電という会社です。

京セラという会社が少し大きくなったからといって、なぜ電気通信事業に乗り出すのか。また関西の、しかも京都の事業家が全国ベースの事業に乗り出すのは、何か思い上がっているのではないか。当時はこのようなことを、多くの新聞・雑仏教では一燈照隅といいますが、どんな人でも何がしかの素晴らしい役割を持って生まれてきたわけです。その役割を通じて、世のため人のために尽くすことが大事なのです。

世のため人のために尽くすことによって、自分の運命を変えていくことができます。自分だけよければいい、という利己の心を離れて、他人の幸せを願う利他の心になる。そうすれば自分の人生が豊かになり、幸運に恵まれる、ということを仏教は説いているのです。

誌に書かれました。

もともと、自分が長距離電話の会社をやることになろうとは思ってもいませんでした。しかし京セラは海外でも事業をしていますので、日本の通信料金が非常に高いということは身に染みて感じていました。なんとか競争原理が導入されて、国民が安い料金で電話を使えるサービスが必要だと思っていました。

一方で、明治以来ずっと独占的に通信事業をし、何兆円もの売り上げがある、巨大なＮＴＴに対抗できる企業はつくることができるのだろうか。できるとしたら、経団連を中心とした日本の大企業が連合体をつくる以外にはないだろう。早く民間でそのような連合体をつくってＮＴＴと競争し、通信料金を安くしてくれないものかと思っていました。ところが、巨大なＮＴＴに立ち向かうにはあまりにリスクが伴うので、どこも名乗りを上げません。

そのうち私は、日本の大企業が連合体をつくってＮＴＴに対抗しても、本当の意味での競争にはならないのではないか、と思うようになりました。一般国民から見ると競争をしているように見えるけれども、実際は利権の分け合いをするだけで、料金が若干安くなった程度でお茶を濁してしまうのではないか。そう思うようになりました。

二十一世紀に向けて、自由化という新しい時代を迎えた電気通信事業には、我々のような若い経営者が燃えて、チャレンジをすることが必要なのではないか。そう思いはじめたら矢も楯もたまらなくなって、自分の立場も、会社の力もわきまえず、ＮＴＴに挑戦しようと思いはじめたのです。

無謀な戦いだということはよくわかっていました。しかし考えれば考えるほど、諸外国と比べて大変高い通信料金を安くしてあげなければ、国民の皆さんに対して申し訳ないという思いが募ってきました。

ＮＴＴ出身の若い技術者や、私と親しい人たちに集まってもらって、どうすればＮＴＴに対抗できるかということを議論し、計画を練りました。事業としてなんとかやれる目途は立ちましたが、実際踏み切るとなると大変に悩みました。

## 自問自答を繰り返した「動機善なりや。私心なかりしか」

今でも当時のことはよく思い出します。悩み抜いた揚げ句、私は家に帰って寝る前に、「自分は新しい会社をつくって、無謀にもＮＴＴに挑戦しようとしている。けれども、それは正しいことなのかどうか」と毎晩自問自答することにしたのです。

その思いを「動機善なりや。私心なかりしか」という言葉に込めて、毎晩唱えました。新しい通信会社をつくってＮＴＴに対抗しようとするのは、国民のために料金を安くしてあげたいからだ、と自分では言っている。また、そう思っている。けれども、それはきれいごとではないのか。京都で京セラという会社をつくって成功し、少し有名になったものだから、さらに東京という檜《ひのき》舞台へ出て行って、大向《おおむ》こうを唸《うな》らせるような大見栄を切りたいという自己顕示欲があるのではないか。自分がやろうとしていることは本当に人のためを思ってやることなのか、私利私欲ではないのか。

私は「動機善なりや。私心なかりしか」という言葉を唱えながら、そのことを自分に厳しく問い続けたのです。

半年間、一日も休まず、自問自答を繰り返しました。そして私の思いは決して私利私欲に端を発したものではない、という結論にたどり着きました。国民のため、世のため人のために、犠牲を払ってでもやろうとしている自分の気持ちに、嘘偽りはないということがわかりました。

そこで役員会で、「大企業はリスクが大きいというので、なかなか通信事業に乗り出さない。だから自分が始めたい」という自分の気持ちを話しました。

当時、京セラには一千五百億円の現預金がありました。だから、「一千億円注ぎ込んでもうまくいかなかったら撤退する。一千億円はどぶに捨てたつもりでやらせてほしい」と言って、通信事業に乗り出したのです。

## ハンディを克服して成功した第二電電

私が第二電電をつくると発表をすると、すぐに国鉄（現・ＪＲ）も参入したいと名乗りを上げました。国鉄は列車を正確に運行するために通信部隊を持っていました。すでに技術は持っている上に、東京・名古屋・大阪と、新幹線沿いに光ファイバーを敷設すれば、すぐに事業を始められるのです。

それまで私は、新幹線沿いに光ファイバーを引かせてもらおうとか、高速道路沿いに引かせてもらおうとか、あるいは日本列島の周囲を取り囲む形で、太平洋と日本海に光ファイバーの海底ケーブルを引こうとか、技術者といろいろ案を検討していました。

そこへ国鉄が名乗りを上げたものですから、私はすぐに国鉄総裁を訪ねました。そして「光ファイバーを一線引くのも、二線引くのも同じでしょうから、私どもの光ファイバーもぜひ引いていただきたい。国の施設なのですから、私どもの光ファイバーも公平に引いていただけませんか」とお願いしたのです。

ところが、当時の国鉄総裁からは、「通信事業は国鉄が仕事としてやることであって、あなたの会社のために場所を貸すことなどできません」と、けんもほろろに断られてしまいました。

続いて、日本道路公団とトヨタ自動車が中心になって、光ファイバーを高速道路の側溝に埋めれば通信事業を簡単に始められるということで、名乗りを上げました。

それを見て、新聞各紙はこれで勝負あった、最初に名乗りを上げた第二電電は惨敗するであろう、という観測記事を載せました。国鉄系には新幹線があるし、日本道路公団は高速道路を持っているから簡単に事業を始められる。けれども、第二電電は何一つ設備を持っていない。これでは第二電電が最初に潰れるだろうというのです。

私は「動機善なりや。私心なかりしか」という言葉を唱えながら、そのことを自分に厳しく問い続けたのです。

半年間、一日も休まず、自問自答を繰り返しました。そして私の思いは決して私利私欲に端を発したものではない、という結論にたどり着きました。国民のため、世のため人のために、犠牲を払ってでもやろうとしている自分の気持ちに、嘘偽りはないということがわかりました。

私たち第二電電が通信ルートを確保するためには、山頂にパラボラアンテナを設置して、マイクロウエーブという無線電波で結ぶ以外に方法がありませんでした。

ところが、日本列島の上空は電波が錯綜《さくそう》しています。電波は混信すると、通信の役を果たさなくなってしまいます。無線のルートは、他の電波が通っているところを避けながらつくっていかなければなりません。

そのためには、どこにどういう無線電波が飛んでいるのかがわからなくてはなりません。しかし一部には防衛庁が使っている国家機密に関する無線も飛んでいますので、我々の力だけでは、すべてを知ることができませんでした。

どうしようかと困っていたところ、私どもの窮状を見るに見かねてか、当時のNTT総裁だった真藤恒《しんとうひさし》さんから、「NTTは過去に新しい無線のルートを探していて、大体の目安はついている。だが、すでに光ファイバーを地上に引いて、大量の通信ができるようになったので、無線のルートは使わなくなった。そのルートを教えてもよい」という示唆《しさ》をいただきました。

私は早速、真藤さんにお目にかかり、ＮＴＴの技術陣からルートを教えていただきました。そうしてパラボラアンテナを設置していきました。競合二社は、すでに持っている設備に光ファイバーを引いていけばいいだけですが、私どもは山の頂上から頂上へと大きな鉄塔を建てて、パラボラアンテナを設置しなければなりません。夏は暑い山の中でやぶ蚊に襲われ、冬は寒風吹き荒《すさ》ぶ中で設置しなければなりませんでした。

競合二社に比べると大きなハンディを背負っていました。ですが、若い従業員たちが懸命に頑張ってくれたおかげもあって、競合二社と同時に営業を開始することができました。

その後、第二電電はセルラー電話、ポケット電話などの携帯電話事業も含めて、創業から十三年で売り上げが一兆円という規模になりました。三つの長距離電話の会社の中では売り上げが最も多く、利益も最も多い会社に成長しました。

## 満は損を招き、謙は益を受く

一番に潰れるはずだと言われた第二電電が、「動機善なりや。私心なかりしか」という一点を問い続けた結果、創業から十三年間、素晴らしい展開をしてきました。

この体験から、安岡先生から中国の古典を通して教えていただいたことは、決して嘘ではないということを知ったのです。現代人は、特にインテリがそうなのですが、自分の運命が決まっているということを信じようとしません。また、その運命が自分の行いと考え次第で変えられるということは、なおのこと信じようとしません。ですが、自分の行いと考え次第で運命を変えられるのは厳然たる事実なのです。

そのことを安岡先生は『陰騭録』の中でおっしゃっています。

『陰騭録』では、了凡は息子に、ものごとがうまくいっても決して慢心してはならない、ということを言っています。また「ただ謙《けん》のみ福を受く」と説かれています。さらに「満《まん》は損を招き、謙は益を受く」とも説かれています。

謙虚であることが非常に大事だということです。

われわれ経済界の中でも、素晴らしい能力に恵まれ、素晴らしい仕事をされて、みんなから羨ましがられるような地位に就きながら、最後は没落していく人がいます。立派なリーダーと言われた人だけに、惜しんでも惜しみ切れないという人がおられます。それは徳というものを欠いたために、あたら素晴らしい仕事への評価を失ってしまって、奈落の底へ落ちていくのだと思います。

安岡先生は『陰騭録』の「ただ謙のみ福を受く」という言葉で、慢心することがいかに悪いことか、世のリーダーたちに説かれたのです。

## 人間の道を軽視してはならない

そのような人々が、陰徳を積み、積善をするということによって人生は変わるのだということ、あるいは「ただ謙のみ福を受く」ということを知っていたのであれば、今でも立派に世のため人のために尽くしておられただろうと思います。安岡先生が説かれたような素晴らしい人間の道、人間学を、我々は軽視しすぎなのだと思うのです。

私の専門は化学ですが、化学でも物理学でも生物学でも、学問はそれぞれの専門分野ごとに大変な発展を遂げ、素晴らしい文明を育んできました。しかしその代わりに、人生とは何か、人間とは何か、という根源的な問いを、我々は忘れているのではないでしょうか。

安岡先生がご存命であったら、現在の日本の姿を見て、どんな警句をおっしゃるでしょうか。このままでは、人心は荒廃し、世相はもっと悪くなってしまうのではないか、と私は危惧しています。

我々日本人は、先生が教えられた中国の古典、東洋の思想に学んで、今こそ日本人としての本当のよさを取り戻さなければなりません。

# 第四講

# 人生の目的――人は何のために生きるのか

（二〇〇一年七月十七日）

月刊『致知』二〇〇二年十一月号に掲載された、著者が塾長を務める若手経営者向けの経営塾「盛和塾」での講演です。前年のＩＴバブル崩壊から不況が続くなか、景気変動に対して経営者はどのような考え方をもって向き合うべきかということから説き起こし、「人は何のために生きるのか」という人生の目的を説いています。

## 一人ひとりが「運命」を持って生まれてくる

今、世の中が不景気だったとして、「あなたの会社はどうですか」と聞いてみたとします。すると、ある人は「非常に悪い状況です」とおっしゃる。ある人は「まあまあです」と言われる。またある人は「おかげさまでうまくいっています」と言う。不景気という同じ状況にあっても、答えは人によって千差万別で、全く違います。

これは、我々は、生まれたときから「運命」を持っているということです。どういう人生を送るか、一人ひとりあらかじめ定まっています。また、定まっているのは個人の運命だけではありません。この宇宙、地球、日本、さらには地域にも運命があります。個人の運命は、そのような大きな運命の波の中に浮かび、漂っています。

地球レベルの大きな運命のうねりがあり、そこに日本という国家の運命、さらに地域の運命が重なっている。その大波の中に、個人の運命という船は漂っています。ですから、個人の運命の上がり下がりがその大きなうねりと重なって、大きく上昇することもあれば、一気に落ち込むこともある。個人の運命の上昇が、大きな運命のうねりの底と重なったり、あるいはその逆になったりして、あまり変化が起きないこともある。

同じ不景気でも、人によってさまざまな現れ方をするのはそのためです。

## 運命を否定して何の益ありや

人生にはもって生まれた運命がある。まずこのことを納得しなければなりません。地球や国家に加え、自分の人生にも運命があるということを、ぜひ理性で肯定していただきたいと思います。

近代的教育の場では、運命というものを一笑に付し、まともに取り扱ってきませんでした。運命などあるはずがない。ある人が病気になった。ある人が交通事故に遭った。ある会社の経営が破綻《はたん》した。ある会社の経営が大変伸びた。そういうことはすべて偶然だ。人生はたくさんの偶然が重なってできているものであって、運命が存在していると考えるのはまったくおかしなことだ。そもそも運命の存在は近代科学で証明できない。そのような迷信に惑わされてはならない。近代的教育はそう教えてきました。

しかし有史以来の長きにわたり、運命は、人類にとって一笑に付して片づけられるような簡単なものではありませんでした。自分の人生はどうしてこうなっているのだろう。どうしてこんなに辛いことが次々と起こるのだろう。あるいは、どうしてこんなにいいことばかりが続くのだろう、というようなことを、多くの人は大変不思議に思っていたのです。もし運命というものがあるなら、自分の未来はどうなっているのだろうか、と多くの人が思い悩み、研究をしてきました。

その成果は、東洋では筮竹《ぜいちく》を鳴らして易を立てる易学になりました。これは中国で何千年も研究され、膨大な学問の体系になりました。また西洋では、占星術になりました。これもまた大変な蓄積がある学問です。これらは、人には持って生まれた運命というものがあるのではなかろうか、あるとすれば予知したいという人間のひたむきな願望の現れなのです。

これほどまでに、人類は運命というものを問題にしてきました。確かに、近代科学では運命の存在は証明されていません。しかし私は、運命があるということは理性で肯定すべきだと思います。運命を否定してみても何の益もありません。それどころか、運命を肯定することによってはるかに人生を理解しやすくなりますし、人生を間違いなく生きる術を会得することができます。

私は理工科系の大学を出た人間です。物理化学や数学が大好きで、論理に合わないものには納得しません。またそうでなければ、京セラを今のような会社にすることはできなかったでしょう。私はまさに合理的なもの、科学的なものを最も強く信じる人間の一人だと思います。

その私が、運命を否定して何の益ありやと思うのです。益がないどころか、むしろ害があるとさえ思っています。運命の存在を理性で肯定する必要がある、と私は思っているのです。

## 結果が出るには時間がかかる

このように、人生を構成する要素としてまず運命があります。これが人生を貫く縦軸として存在し、人生は、運命という縦軸に沿って流れています。

同時に、人生にはもう一つの要素が存在し、運命という縦軸に対して横軸を構成しています。それが「因果応報《いんがおうほう》の法則」です。因果応報の法則とは、善いことをすればよい結果が生じ、悪いことをすれば悪い結果が生まれる。善因《ぜんいん》は善果《ぜんか》を生み、悪因《あくいん》は悪果《あくか》を生むという法則のことです。

善因悪因の「因」とは、自分が生きている間に思ったこと、行ったことです。自分自身が思い、考え、実行すること、それらが因、つまり原因となります。思ったり、考えるだけで原因になるのか、と疑問に思われる方もいるかもしれません。また、単に思っただけでしかないと、我々は軽く考えがちです。しかし、思うということは決して軽いものではありません。恨み、つらみなどを考えただけで、それが原因をつくってしまいます。

そして、原因は必ず「結果」を生みます。原因が原因のままで残り続けることはありません。このことをお釈迦さまは、「縁によって果が生ずる」とおっしゃっています。思いと行い、つまり思念、行為は業《ごう》（カルマ）をつくります。業、カルマとは、先ほど述べた原因のことです。そのために、善いことを思い、善いことをすれば、よい結果が生まれる。悪いことを思い、悪いことをすれば悪い結果が生まれる。これが因果応報の法則なのです。

ところが、因果応報の法則は、必ずしもその通りの結果が出ているようには見えません。周囲を見渡せば、いいことをしてきた人が病気で苦しんでいる、悪いことをしている人が幸せそうに暮らしている例は、いくらでもあります。このような状況では、いくら因果応報の法則を説かれても、我々のような凡人にはなかなか信じられません。世の中は、因果応報の法則の通りになっていない、とつい思ってしまいます。

因果応報の法則は、結果が出るまでには時間がかかることがあります。原因に対して結果がすぐ出ることもあるにはありますが、多くの場合はなかなか結果が出てこないのです。

しかし、二十年、三十年といった長いスパンで見ると、必ず因果応報の法則通りの結果になっています。私は昭和七年に生を享《う》けて、ずいぶんと長い人生を歩んできました。これだけ長く生きていると、いくらか長いスパンで人生を振り返ることができます。すると、悪いことをした人が繁栄していることはまずありません。よいことをしてきた人が不遇のままでいるということもありません。人生を長いスパンで見ると、大体つじつまが合っています。

## 『シルバー・バーチの霊訓』の教え

それでも私は、因果応報の法則に合わないケースがあるように見えるのは、どうしてなのかと以前は悩んでいました。そのときに読んだのが、『シルバー・バーチの霊訓』です。

昔、ロンドンのある町医者が友人十人ほどを呼んで、毎週末、自宅で交霊会をやっていました。町医者自身が、自分の体に霊魂を呼び入れられる霊媒《れいばい》だったのです。その交霊会には、いつもシルバー・バーチと名乗るアメリカインディアンの霊が出てきます。その霊の言葉を集め出版されたのが『シルバー・バーチの霊訓』です。

私は当時から先進国であったイギリスの首都ロンドンで、しかもインテリである医者が霊媒になって交霊会をしていたという事実に興味を引かれてこの本を入手したのですが、その中にわずか数行ではありますが、因果応報について述べているところがありました。

シルバー・バーチの霊は言います。「因果応報を疑っている人もいるだろう。だが、私がいるところから、みなが生きている現世を見ると、一分一厘《いちぶいちりん》の狂いもなく、原因の通りの結果が出ている」

すごいことだと思いました。シルバー・バーチがいる霊の世界から見れば、因果応報の法則は一分一厘の狂いもなく正しいことがわかるというのです。私はこの年齢になってもシルバー・バーチの霊ほど長いスパンで人生を見通せるわけではありませんが、納得することができるようになりました。

因果応報の法則は、結果が出るまでには時間がかかることがあります。原因に対して結果がすぐ出ることもあるにはありますが、多くの場合はなかなか結果が出てこないのです。

しかし、二十年、三十年といった長いスパンで見ると、必ず因果応報の法則通りの結果になっています。私は昭和七年に生を享けて、ずいぶんと長い人生を歩んできました。これだけ長く生きていると、いくらか長いスパンで人生を振り返ることができます。すると、悪いことをした人が繁栄していることはまずありません。よいことをしてきた人が不遇のままでいるということもありません。人生を長いスパンで見ると、大体つじつまが合っています。

## 因果応報の法則で運命は変えられる

因果応報の法則の結果がはっきり見えないのは、結果が出るまでに時間がかかることに加え、運命が重なって作用していることもあるからです。先ほど述べたように、地球レベルという大きな運命のうねりがあり、次に国家、地方の運命があり、さらにその上を個々人の運命が漂い流れています。その運命を縦軸とすれば、横軸に因果応報の法則があります。この二つの要素によって我々一人ひとりの人生が決まっています。

ところが、この二つの要素のうち、実は因果応報の法則のほうが、少し力が強いのです。因果応報の法則のほうが少し力が強いので、もともと定まっていた運命が変わることがあるのです。そのため、人生は、必ずしも持って生まれた運命の通りにはなりません。

非常に悪い運命に差しかかっていたとしても、善いことを思い、善いことをしたために、因果応報の法則が作用して、本来あるはずの落ち込みが小さくなるということがあります。また、運命的には非常にうまくいくところに差しかかっていたのに、悪いことを思い、悪いことをしたために、そのままなら上昇するはずだった人生がそうはならなくなってしまう、ということもあります。

運命は因果応報の法則に作用され、変わってくるものなのです。

## 運命と因果応報――人生をつくる二つの法則

人生は、運命と因果応報の法則というたった二つの法則でできています。それ以外にはありません。人生がこの二つの法則でできているとして、我々は人生の中で遭遇する現象にどのように対処していけばいいのか。

我々は毎日生きていく中で、さまざまな現象に遭遇します。あるときは苦しい局面に遭遇します。あるときは非常に幸せと思える局面に遭遇します。こうして毎日遭遇する現象は、持って生まれた運命と、因果応報の法則が織りなしてできあがっています。

ところで、仏教を勉強すると、最初に「諸行無常《しょぎょうむじょう》」という教えが出てきます。諸行とはすべての現象という意味です。諸行は常ならず。つまり諸行無常とは、どんなものでも安定したもの、一定したものはない、という意味です。きょうは健康でも、明日は病気に倒れるかもしれない。きょうはうまく経営ができても、明日は左前《ひだりまえ》になるかもしれない。我々の目の前に起こる現象は常に一定ではなく、安定していない。そうお釈迦さまは説かれています。

人生は安定せず、波瀾万丈《はらんばんじょう》である。だから人生は苦行である、ともお釈迦さまは説かれています。

その苦しみから衆生《しゅじょう》を救済するために、お釈迦さまは出家の道を選ばれ、修行をされました。しかし我々一人ひとりにとっても、運命と因果応報の法則によって現れる現象に、日々どのように対処していくかを考えることは、生きていく上で非常に大事なことです。

その答えは実にはっきりしています。善いことに合おうと、悪いことに遭おうと、どんな現象に合っても、その現象に感謝すること、これに尽きるのです。

これは大変難しいことです。たとえば、災難に遭っても感謝しなさいというのは、言葉で言うのは簡単ですが、実際に災難に遭った人が感謝するのは至難の業です。よほど修行していなければ、そういうことはできません。

## 感謝を理性にインプットせよ

ですが、修行をした、しないにかかわらず、まず「感謝しなければならない」ということを理性にインプットしていただきたいのです。至難の業だからといってあきらめたままでは、感謝などできるようにはなりません。恨みつらみを言うだけにとどまります。苦難や災難に遭えば、「なんでおれがこんな目に遭わなければならないのか」とこぼすことになります。それを無理にでも抑え込んで感謝の念で対応するということを、理性にインプットしなければならないのです。

誰もが、よいことがあれば自然と感謝の念は出てくることでしょう。しかし、何事に対しても感謝するということを、理性にインプットしておかなければならないのです。人はよいことがあれば、それが当たり前だと思うようになってしまいます。それどころか、もっとよいことが起きないかと思うようになります。そんなことでは、災難に遭ったときに感謝の念など出てくるはずがありません。

災難や苦難に遭ったら、嘆かず、腐らず、恨まず、愚痴《ぐち》をこぼさず、ひたすら前向きに明るく努力を続けていく。これから将来、よいことが起きるためにこの苦難があるのだと耐え、与えられた苦難に感謝する。よいことが起きれば、驕らず、偉ぶらず、謙虚さを失わず、自分がこんなよい機会に恵まれていいのだろうか、自分にはもったいないことだと感謝する。

これが素晴らしい人生を生きるための絶対条件です。繰り返しますが、このように何事に対しても感謝をするというのは、至難の業です。よほどの修行をし、お釈迦さまのように悟りを開いた人でなければ、とてもできるものではありません。そうであれば、我々凡人が素晴らしい人生を生きていくのは、不可能ということになってしまいます。

だから我々は理性で対処するのです。よいことに合っても悪いことに遭っても、何事にも感謝するということを理性にインプットし、発揮するようにする。そうすることが絶対に必要です。

## 松下幸之助の成功を支えたもの

松下幸之助さんは、家が没落したために小学校を途中でやめ、丁稚奉公に出なければなりませんでした。この逆境で、大変苦しい目に遭われました。ですが、そのことをひがまず嘆かず、奉公先の主人にも前向きに仕え、主人やお客に少しでも喜んでもらおうと、明るく健気《けなげ》に努力をされました。これがのちの大松下をつくったのです。

一方、同じような境遇にあった少年は、ほかにもたくさんいたはずです。子どもだけにひがみも出てきましょうし、恨みつらみにも思うでしょう。そのように、ひがみや恨みつらみの中で少年時代を過ごした人は、それほど大成していません。

逆境に遭遇しても、それを先々の発展につながる試練として与えられたものなのだと受け取り、むしろ幸運として受け止めて感謝するか。それとも災難に打ちひしがれ、恨みつらみの底に沈むか。目の前に現れる現象にどう対処するかによって、そこから先の運命が大きく変わります。我々は、このことを肝に銘じておかなければなりません。

災難や苦難に遭ったら、嘆かず、腐らず、恨まず、愚痴をこぼさず、ひたすら前向きに明るく努力を続けていく。これから将来、よいことが起きるためにこの苦難があるのだと耐え、与えられた苦難に感謝する。よいことが起きれば、驕らず、偉ぶらず、謙虚さを失わず、自分がこんなよい機会に恵まれていいのだろうか、自分にはもったいないことだと感謝する。

これが素晴らしい人生を生きるための絶対条件です。

## 人生の目的とは何か

我々はこの世に生を享け、運命と因果応報の二つの法則によって波瀾万丈の人生を生きていますが、この人生をどのような目的を持って生きていけばいいのでしょうか。人生の目的とは何なのでしょうか。

結論を先に申し上げましょう。人生の目的とは、「心を高める」ことです。「心を純化する」「心を浄化する」「人間性を高める」「人格を高める」。すべて同義語ですが、これらが人生の目的です。波瀾万丈の人生で、さまざまな現象に遭遇し対処しながら、人間性を高め、自分自身の魂を磨いていく。これこそが人生の目的なのです。

これをもっと具体的に言い換えると、世のため人のために尽くすということになります。人間ができていなければ、心が高まっていなければ、世のため人のために尽くすことなどできるものではありません。私は、世のため人のために尽くすのが人生の目的だと考えていますが、それは心を高めるということだったのです。

私は人生を次のようなものであると考え、生きてきました。まず、社会に出るまでの準備期間として二十年ほどの猶予があります。次に社会に出て四十年ほど、精一杯に働いて世のため人のために尽くす。さらに、私は死を魂の新しい旅立ちと考えていますから、死を迎えるための準備期間が二十年ある。つまり、人生を八十年と考え、さらにそれを最初の二十年、真ん中の四十年、最後の二十年というように分けて考え、そのような心づもりで生きてきました。

六十歳になったとき、これからの二十年は魂の旅立ちを迎えるために準備しなければならないと思ったのですが、つい忙しさにかまけて、なかなか実行することができませんでした。六十五歳になったときは、もう待ってはいられないと行動に移し、得度《とくど》しました。

## 生まれたときより少しはきれいな魂で

私は社会に出てから、一所懸命に仕事をしました。京セラをつくり、ＫＤＤＩを設立したり、そのほかにもさまざまなことをしました。若い頃は京セラを、長じてはＫＤＤＩを世界に誇れるような会社にするということを目的に必死に仕事をし、現在それらの目的は一応達成したように思います。同時に私自身の知名度も上がり、実業家として高く評価していただくようになり、世界の多くの大学から名誉博士号をいただいています。

しかし、これから来る死というものを考えたとき、果たしてそれが人生の目的だったのか、とあらためて考えるようになりました。そんなことはたいしたことではない。生きている間に、世の中のために、周囲の人々のために自分がどれだけよいことをしたか。それが、自分の人生の何よりの勲章ではなかろうか、と思うようになってきたのです。

それでは、世のため人のために貢献するには何が必要か。それには、美しい心がなくてはなりません。世のため人のために尽くすことができる、美しい心にならなければなりません。これこそがこの世に生を享けたことの勲章であり、人生の目的である、という結論になりました。

私は、死によって肉体は滅びても、魂は滅びないと考えています。人生のなかで、つらいこと、楽しいことなど、さまざまな経験に向き合ってきて、魂があの世に旅立つとき、少なくとも生まれたときよりはきれいな魂、心になっている。そうなったときに、人生の目的を果たしたと言えるのだと思います。生まれたときよりも死ぬときのほうが、魂また心がよいものになっているということが、人生において何よりも価値あることなのです。

## 六波羅蜜の修行で心を磨く

では、どうすれば心を磨くことができるのか。

かねてより、私は経営には哲学が必要だと説いてきました。また、「人生・仕事の結果＝考え方×熱意×能力」という方程式をつくり、考え方が重要だということを訴えると同時に、考え方、つまり心を高めることが経営を伸ばすことになるのだとも論じてきました。

一方、そのような中で、私は仏教を勉強するようになり、「六波羅蜜《ろくはらみつ》」のことを知りました。六波羅蜜とは悟りを開くためにお釈迦さまが説かれたもので、六つの修行をすることによって人間の心が浄化、純化され、最終的に悟りの境地に行き着くことができるというものです。

僭越《せんえつ》かもしれませんが、私が論じてきた、経営には哲学が必要という議論と、お釈迦さまが説かれた六波羅蜜は同じことを言っていることに気がつきました。人生の目的である心を磨くためには、何をしなければならないかを説明していることが、まったく同じなのです。

## 利他の心を持ち、煩悩を抑える

心を浄化、純化し、ついには悟りの境地に行き着くという六波羅蜜の六つの修行。その最初に挙げられているのが「布施《ふせ》」です。布施とは施しをするということであり、世のため人のために尽くすということです。

我々は事業家として、企業経営者として、正当な利益を追求し、その利益で従業員を養い、社会に貢献しています。また私は常に「利他《りた》の心」ということを説き、他を利するということを大変大事にしてきました。

一般に、事業活動においては、自分の利益を追求することが先行します。自分の利益が第一で、余りがあれば他の人に分けるという考え方が普通かもしれません。ですが私は、そうであってはならないと考えています。相手の人を助け、施しをしてあげることによって自分の事業も成功する、と考えているのです。

利他の心を説いて事業経営などできるわけがない、と笑った評論家がいらっしゃるようですが、私は利他の心がなければ、事業の成功はないと思っています。

例えて言うなら、風呂の浴槽の中で掌でお湯を向こうに押しやると、お湯は必ずこちらにはね返ってくるようなものです。他愛ない話に聞こえますが、相手のためになることをすると、必ずこちらに返ってくるものがあるということです。「情けは人のためならず」というように、人のために尽くしてあげることによって自分自身が潤うのです。

お坊さんにお金などを寄付することだけがお布施ではありません。人を助け、人のために尽くしてあげることが布施です。人のために尽くすことを、常に考え実行する。これが布施の修行なのです。

六波羅蜜の二つ目は「持戒《じかい》」です。戒律を守る、つまり煩悩《ぼんのう》を抑え、人間としてしてはならないことはしないということです。

人間はひとたび成功すると、どうしてもさらなる成功を求めてしまいます。成功したことに感謝し、足るを知ることが必要であるにもかかわらず、「ここまで成功したのは自分の力だ。自分はもっと成功できるはずだ」と、感謝するどころか、不足を感じる。そうして傲慢《ごうまん》にもさらに成功を追い求めてしまう。そのように止まることを知らず、足ることを知らない欲望を貪欲というのですが、貪欲を含むさまざまな煩悩を抑えるのが、持戒なのです。

## 誰にも負けない努力をする

六波羅蜜の三つ目は「精進《しょうじん》」です。これは誰にも負けない努力をするということです。

いままで説明したように、「布施」によって、世のため人のために尽くし、魂を磨きます。持戒によって、人間としてしてはならないことはしないように努め、心を磨きます。精進では、誰にも負けない努力をし、一所懸命に働くことによって心を磨きます。この「布施」「持戒」「精進」という三つの修行のなかで、最も重要なことは精進である、と私は考えています。

中小企業経営者は、日々大変な努力をしています。朝早くから夜遅くまで働いて、よく身体がもつものだと思うほど頑張っています。こうした努力は、心を磨き、人間をつくるのに最も大きな効果があります。

真面目に一所懸命に努力をしている中小企業経営者に、悪い人がいるはずはありません。中途半端でいい加減な経営をして、そこそこの成功で栄耀栄華《えいようえいが》を極めているような人はろくでもない人がほとんどです。ですが、本当に苦労をして一所懸命働いていると、自然と人間ができてきます。

働くのは生きる糧《かて》、つまり給料を得るためだけではありません。その人の人間をつくっていく上で大変大事なことなのです。

## 一所懸命働くことが心を磨く最高の方法

ところが、二十世紀に入ってロシアで共産革命が起こり、人間の精神性を軽んじた唯物論《ゆいぶつ》が世界を席巻しました。その中で、労働とは給料をもらい、生活の糧を得るための手段でしかないという考え方が広まっていきました。できるだけ少ない時間働いてできるだけ高い給料をもらい、残った時間は娯楽、余暇、趣味に生きる。それが豊かな人生なのだと、人々は考えるようになりました。

実際、我々は労働を軽視し、あまり働かないほうがよいという考えから、一貫して労働時間を短縮し続けてきました。それが正しい道だと思っていたのです。

その結果、青少年の犯罪が増え、母親がわが子を虐待《ぎゃくたい》するというような事件も起こるようになってしまいました。これは働かなくなったために心が貧しくなった、つまり人々の心が磨かれず、発達していないために起こっている現象です。もちろん、理性のレベルで、十分に教わっていないということもあります。ですが、本当に必死になって働き、生きぬいてきた人は、教わらなくともわかっています。働くことによって、自然と学んでいるのです。

ここで、二宮尊徳《にのみやそんとく》の話をしたいと思います。二宮尊徳は一介《いっかい》の農民でしかありません。子供の頃に両親を失い、おじさんの家に預けられた尊徳は、小作人として朝早くから夜遅くまで一所懸命に働きます。同時に、尊徳はそれでも向学心に燃え、夜仕事が終わってから勉強をします。おじさんには行灯《あんどん》の油がもったいないと叱られますが、それでも尊徳は、朝は朝星、夜は夕星をいただいて田畑で働きつつ、勉強を続けます。

やがて大人になった尊徳は、荒廃した貧しい農村を次々と再建していきます。それが評価を受け、晩年には幕府に召し抱えられ、殿中に呼ばれるまでになりました。そのとき、並みいる武士、諸侯の中、尊徳の立ち居振る舞い、言葉遣いは、貴族の生まれかと思われるような立派なものであったと言われています。

一介の農民の生まれであり、貴族社会の作法など教わったこともない男の立ち居振る舞い、物腰、しゃべり方が、どこの貴族の出かと思われるようなものにまで高まっていた。このことは、田畑に出て朝から晩まで、鋤《すき》や鍬《くわ》を持って働いたことが、二宮尊徳の心を磨いていたことを証明しているのです。

一所懸命に働くことによってしか心を磨くことはできない。私はそう思っています。一芸に秀でた人、たとえば、仕事に一途に打ち込んできて、素晴らしい棟梁だといわれている大工は、テレビの対談などで話をされているのを見ても、本当に素晴らしい人間性を持っていることがわかります。スポーツ界でも、ひたむきに努力を続け、精進を重ねた選手は素晴らしい人間性を持っています。

一心不乱に仕事に打ち込むことで、そういう人たちは素晴らしい人格を形成していったのです。

## 苦労によって人間は成長する

昔から「若いときの難儀は買ってでもしなさい」と言います。年齢を重ねた人なら、親からいやというほど聞かされた言葉です。若いときの難儀は買ってでもしなさいという言葉は真理だと思います。人間をつくるのに、これ以上の方法はありません。

現在の豊かな社会では、我々も子どもに難儀をさせることなく、贅沢に育ててしまっています。豊かな中では、子供になかなか苦労を積ませることはできません。しかし、苦労をさせられない今だからこそ、人間をつくるのには苦労が一番大切だということを教え、理性に植えつけなければなりません。

我々が子供の頃は、敗戦後の焼け野が原で何もありませんでしたから、理屈抜きで苦労をさせられました。私どもの年代は、戦後のすさまじい世相の中で、親子兄弟が力を合わせ、生活が貧しい中を必死に生きていかなければなりませんでした。それでも逆境を恨まず、人を妬まず、助け合いながら生きてきました。学校の遠足にも行けなければ、修学旅行にも行けない。「辛抱しておくれ」とおふくろに言われれば、泣きたくなりましたが、その気持ちを堪《こら》えてきました。

私を含めて私どもの年代はそういう育ち方をしてきましたが、同級生にぐれた人は一人もいません。みな素晴らしい人生を送っています。一方現在は、苦労を積んでいないために、子供がちょっとしたことできれて、暴力を振るうようになってしまっています。このように、苦労を積むということは、人間をつくる上で大変大事なことなのです。

六波羅蜜の四つ目は「忍辱《にんにく》」です。人生の中でさまざまな現象に遭遇します。苦労や難儀はたくさんありますが、耐え忍び、辛抱することが心を高めていくのです。

五つ目は「禅定《ぜんじょう》」です。我々はいつも騒がしい日常を送っています。静寂の中で仕事ができることは滅多にありません。周囲も騒がしいと、それにつれて自分の心の中も騒がしくなっていきます。だからせめて一日一回は、心を静め、静かに坐禅をする。これが禅定です。

難しければ、必ずしも坐禅をしなくてもかまいません。ことに仕事をしているときは、かっとなってしまいがちですから、少しでも気持ちを静め、抑える。そうすれば心が高められていく、というのがお釈迦さまの教えなのです。

布施、持戒、精進、忍辱、禅定、この五つのことをしていくと、六つ目に宇宙の「智慧《ちえ》」に至ることができます。これらが六波羅蜜の修行です。

このような修行をすることによって心を高め、智慧を得るのが悟りに近づく道です。今申し上げた五つのことを心がけていけば、人間性が必ず高まります。人間が練られていきます。

## 人生の目的をはっきり理性に刻みつける

では、心が高まり、人間ができてくれば、どういうことが起こるのか。

我々は事業経営を通じて修行をしています。必死に経営することが修行となって、その人の人間性が高まり、必ず善いことを思い、行うようになります。そうして、因果応報の法則が働いて、人生も事業もますますよい方向へ向かっていきます。

これまで、自分の会社のことばかりを考え、利益ばかりをひたすら追求してきた。ところが心が高まり、執着から離れることができると、より高い視点から、物事の全体像が見えるようになります。悟りの境地までいかなくてもいいのです。少しでも心が高まり、人間ができてくると、それだけで物事が本当によく見えるようになるのです。

例えば、同業者で猛烈なシェアの取り合いをしているとします。それは魑魅魍魎《ちみもうりょう》の世界です。自社の方が少しでも多くのシェアを取ろうとしてお互いに激しい争いをしている。心が少しでも高まると、そのありさまがよく見えるようになります。欲にとらわれて足元も見えなくなっている様子がよく見えるようになるのです。だから、あの会社はあのままでは躓つまずくということも、不思議なほどよくわかり、実際にそうなります。

ですから、こちらから無理にシェアを取りにいくことはありません。他社が欲に突き動かされている様子を見て、自社はどういう生き方をすればいいかを心得、ひたむきに努力を重ねる。そのようにしていれば、自然とこちらへ成果が落ちてきます。

このように心が高まると、自分のことばかりを追求する執着から離れることができます。そうすると物事を見る目が澄んで、本当によく見えるようになります。

人生の目的は心を高めることです。有名になったり、金持ちになったりすることが人生の目的ではありません。心が高められれば、物事がよく見え、どういう生き方をすればいいのかがわかります。その結果として、有名にもなるでしょう。財産もできるでしょう。しかし、心が高まり人間ができていれば、そのことで傲慢になったり、横柄《おうへい》になったりすることはありません。それでいいのです。

これまでに述べてきたことは、多くの人にとって特に目新しいことではありません。どこかで聞いたことがあるとか、ぼんやりと知っていることばかりだと思います。あるいは、当たり前のことばかりだと思っている人もいるかもしれません。

しかし、何となく知っている、うっすらと覚えているといったことではだめです。当たり前のことだとわかったつもりになり、そのままにしておいてはだめです。人間はともすれば惰性《だせい》に流される動物ですから、理性にインプットし、ときに思い出して反芻《はんすう》することが、大変大事なのです。

人生の目的は心を高めることである。この一つのことだけでも、しっかりと理性に刻みつけていただきたいと思います。

# 第五講

# 心を高め、魂を磨く

（二〇〇六年三月二十一日）

平成十七年に発刊され、ベストセラーとなった五木寛之氏との共著『何のために生きるのか』（致知出版社刊）の出版記念講演です。自らの人生を振り返りつつ、心が人生に及ぼす影響を述べ、より美しい魂になって死を迎えることが人生の目的であると説いています。

## 人は存在することに大きな意義がある

人は誰一人として、自分の意思で「この世に生まれてこよう」と思って生まれてこられた方はいらっしゃらないと思います。物心がついて気がついてみると、両親のもとに生を享《う》けて、両親の庇護《ひご》のもとに成長をして生きている。それがそれぞれの人の人生の始まりだと思います。

そういう意味では、自分でこの現世に生まれてこようと思って生まれてきたわけではないのですから、「何のために生きるのか」と問われたところで、それに答えるのはなかなか難しいことでもあります。

ただ、私がまず思いますのは、我々がこの現世に存在していること自体に大変意義があるのではないか、ということなのです。

現在の最先端の物理学の理論を見ても、この地球上に存在する森羅万象《しんらばんしょう》あらゆるものは、この宇宙をつくるために必要欠くべからざるものとして存在しているといわれています。道路の端っこに落ちている小さな石ころ一つにしても、また道端に生えている雑草一本にしても、存在していることに意義があるのです。

この宇宙は微妙なバランスのもとに成り立っています。すべてのエネルギーのバランスがとれて、初めて宇宙は存在するのです。どんな些細《ささい》なエネルギーが欠落しても、宇宙は崩壊するようになっています。

つまり、ものというのはすべてエネルギーですが、この宇宙に存在するあらゆるもののエネルギーのバランスがとれているからこそ、この大宇宙は存在しているると言えるのです。

## 命の連鎖で維持されている自然界

自然界には、微生物から動植物まで、たくさんの生物が存在しています。そして、それらはすべて循環をしています。

たとえば、地中にはいろいろなバクテリアや細菌がいて植物の根の成長を助け、それによって地上に草が繁茂します。すると、そこに草を食べる昆虫類がたくさん群がってきます。これらの昆虫は、昆虫同士で食べたり食べられたりして生存しています。

また、草食動物も草を食べます。そして、その草食動物を肉食動物が食べて命を永らえていきます。肉食動物は老いて朽ち果てると、また土へ返っていき、それが土壌を豊かにし、そこにまた新しい草花や木が生えるようになります。

このように自然界は循環をしているのですが、それは同時に、命の連鎖が続いていることを意味しています。自然界のあらゆるものは生命の鎖でつながっているのです。草は食べられることで、昆虫や草食動物を繁栄させます。草食動物は肉食動物に食べられて、肉食動物の繁栄を支えている。その肉食動物も、やがて死を迎えるとバクテリアによって分解され、植物の栄養となるのです。

自然界はそういう命の連鎖で維持されています。つまり、これらの一般の生物たちは、自分が生きるだけではなくて、自分の命と引き換えに他の命を助けているのです。そのような循環が、この地球上では延々と行われてきています。

## 世のため人のために尽くして生きる

我々人間は大変素晴らしい知恵を神から授かっています。そして、その素晴らしい頭脳を駆使して近代科学を発展させ、素晴らしい文明社会をつくってきました。知恵によってあらゆる生物の頂点に位置し、地球上にあるあらゆる生物を食べて生き永らえ、繁栄を図ってきました。

見方を変えますと、一般の動植物は自分の命を差し出して他の生き物を助けてあげていますが、我々人間は、植物でも動物でもすべてのものを殺して生き永らえて繁栄を続けているのです。そうやって生物の頂点に位置し、それぞれの人生を生きているのが我々人類の姿です。

そう考えると、私にはこういう思いが湧いてくるのです。

人間は素晴らしい知恵を持つと同時に、素晴らしい理性や良心というものを持っているではないか。ならば、すべての命を収奪して生きるだけではなく、理性や良心を使って、他のものたちに対して何か施しをすることも考える必要があるのではないだろうか。

せっかくこの世に生を享けたのですから、命のある限り自分だけが生きるというのではなく、我々人間も世のため人のために少しでも尽くして生きるべきではないのか。わずかでもいいから、世のため人のために尽くす生き方が人間として大事なのではないか。そこに、この人生を生きていく意義があるのではないかと思うのです。

つまり、私たちは何のために生きるのかといえば、その第一の目的は、世のため人のために、ささやかでもいいから尽くすことであると私は思っているのです。

## 利他の心の原点に感謝がある

皆さんの中で仏教を信じていらっしゃる方は多いと思います。お釈迦様は、生きていく人間にとって一番大事なことは利他《りた》の心であると説きました。お釈迦様の神髄とは、慈悲の心です。思いやりを持った慈しみの心、それがお釈迦様の心です。

この心は、他のものを少しでも助けてあげよう、よくしてあげようと思う心です。そうした心を持って生きていくことこそが人生の目的なのではないか。つまり、利他の行為を行うことが、人間にとって、一番に大事なことだと思うのです。

この利他の心の対極にあるのは、利己の心です。自分だけよければいい、という心です。このような利己の心を離れて、利他の心で他人《ひと》さまをよくしてあげようという心で人生を生きていく。それが生きる目的だと私は思っているのですが、実は、これは口で言うほど簡単ではありません。

利他の心を持って、他人さまに美しい思いやりの心で接しようという考えで人生を生きていこうと思えば、まず、現在生きていることに感謝をするという心が起こってこなければいけません。次に、そのような感謝の心が芽生えてきますと、自然と自分自身がどんな環境にあっても幸せだと思える心になっていくはずです。

「いや、私は決して幸せではありません。大変不幸な人生を生きています」とおっしゃる方もおられるかもしれませんが、この世の中を見渡せば、そういう方よりももっと不幸な境遇の人もたくさんおられるはずです。そう考えれば、親兄弟が一緒にいられるだけでも幸せではないかという感謝の念が湧いてくるはずです。

つまり、どんな境遇であれ、心のあり方によって幸せはそれぞれに感じられるものなのです。そう感じるようになるためにも、まず最初に、現在こうして生きているだけでも幸せだという感謝の念が起こってくることが大事なのです。

そのようにして自分が幸せだと思えるようになってきますと、その次には当然、他の人にも親切にしてあげたいという思いやりの心が生まれてくると思います。またそういう心が起こってこなければいけないのです。

したがって、利他の心を持つためには、まず自分が生きていることへの感謝の心を持たなくてはならないというわけです。

## 善き思い、善き行動が運命を好転させる

人はそれぞれ運命というものを背負ってこの世に生を享けている、と私は思っています。どういう運命の道をたどって生きるのか、本人は知る由もありません。ただ運命の導くままに、我々は人生を歩きはじめます。

そういう人生を歩いていく中で、我々はいろいろなことを思い、いろいろなことを行います。そのときにとても大事なのは、善きことを思い、善きことをすれば人生によい結果が生まれ、悪い思いを抱き、悪いことを実行すれば人生が悪い

方向に変わっていってしまうということです。運命というものは変えられない宿命などではなく、その人の思い、その人が実行する行為によって変わっていくのです。そういう因果の法則が、この現世には厳然と存在すると私は信じています。

利他の心で他人さまを助けてあげる、他人さまに親切にしてあげる。そういう美しい優しい思いやりの心を持つことが人生を生きていくためには大変大事だと申しましたが、それはまさに、自分の運命をよい方向に導いていくためにも大事なのです。

## 逆境の時代を乗り越える

そのことを私は自分自身の身をもって体験いたしました。

私が子供の頃から大学を卒業して社会人になるまでの青少年期というのは、大変不幸な時代だったと思っています。小学校三年のときに戦争が始まり、戦争が終わったとき、中学一年生でした。郷里の鹿児島は空襲で焼け野原になり、掘っ立て小屋に親子八人で住んで、大変貧しい生活を送りました。

貧乏であった上に小学校の頃から勉強もしなかったため、いい中学には入れませんでした。そして、親に無理を言って高校に行かせてもらいました。到底大学に行けるような家庭環境ではありませんでしたが、高校の先生が熱心に両親を説得してくれて、やっと大学に行かせてもらったのです。

大学を卒業したのは昭和三十年です。戦争が終わってからまだ十年しかたっていませんでしたので、なかなかいい就職先がありませんでした。なんとかいい会社に入りたいと思って会社訪問をしましたが、地方大学の出身者を採用してくれるところはどこもありませんでした。

困っている私を見かねて、担任の教授が一所懸命走り回って京都にある焼き物の会社を探してきてくれました。そこならば採用してくれるというので、私はその会社に就職することにしました。

この会社は、戦前は非常に業績のいい会社だったらしいのですが、戦後は十年間ずっと赤字続きでした。私が入社した頃は毎年のように労働争議が繰り返されていて、給料日になっても給料が出ないというみじめな状態でした。

少年時代から大変な逆境の中で育ってきて、やっと社会人になって楽に暮らせるかと思えば、入ったところが今にも潰《つぶ》れそうなみすぼらしい会社だったのです。私はほとほと嫌気が差して、不平不満ばかり鳴らしていました。

一緒に入った大卒者は五名いましたが、昼食時間になると集まっては不平を言い合っていました。「こんなボロ会社にいつまでも勤めていたのでは大変なことになってしまう。早く辞めようよ」と愚痴をこぼすのですが、就職先がなくてやっと入れてもらった私には、辞めて出ていきたくとも行くところがありませんでした。

## 不平不満を言わなくなって好転した私の人生

秋になる頃には、私を除く四人は会社を辞めていました。一人残された私は途方に暮れました。しかし、逃げていく場所もないのですから、不平不満をこぼしながらも、一方では、なんとかこの会社で頑張って生きていかなければならないと思っていました。

当時、その会社では将来のために新しいファインセラミックスの研究開発を計画していました。そして、その研究開発を担うという、大切な役割が大学を出たばかりの若い私に与えられたのです。

ぶつぶつ不平ばかり鳴らし、給料日に給料が出ないと文句を言っていてもしようがないと思った私は、まともな研究設備もない粗末な研究室で、世間の憂さを忘れるように一心不乱に研究に打ち込み始めました。寮から鍋と釜を持ち込んで、研究室でご飯を炊いて食べながら泊まり込みで研究を始めたのです。

そうするとどうしたことか、だんだんと研究が面白くなり始めました。面白くなると研究はどんどん進んで、学会で発表すると褒《ほ》められるし、会社でも褒められるようになりました。それで一層研究に打ち込むようになり、そのうちに、いままで日本では誰も開発できなかった、新しいセラミック材料の開発に成功したのです。

このときは上司に大変褒められ、私も嬉しくなりました。研究に打ち込んでいるうちに研究がうまくいき、その結果、人からも褒められるので、やりがいが出てきました。それまでずっと不平不満ばかり鳴らしてきた私が、見違えるように前向きに明るくなり、研究に没頭する人間に生まれ変わっていったのです。

それが研究に一層拍車を掛け、さらにいい製品が生まれ、ついには私の研究が潰れかかった会社を背負って立つような事業にまで発展していきました。

数年後、事情があって私は、その会社を辞めることになりますが、ある方が支援してくださり、私の研究、技術をもとにした会社をつくっていただきました。それが京セラという会社のスタートになりました。

研究に没頭して不平不満を言わなくなって、明るく前向きに仕事に精を出しはじめてから、私の人生は明らかに好転し始めたのです。

## 宇宙は因果の法則で成り立っている

そういう経験をしましたので、私は二十七歳で会社をつくっていただいた当初から、人生というのは自分の心の思い通りに変わっていくのだと考えるようになりました。不平不満ばかりの暗い思いや、いやな思いだけを持っていれば人生はさらに暗くなってしまうし、明るく前向きな思いを抱いて頑張れば人生は好転していく。自分の心の持ち方一つで、人生は良いほうにも悪いほうにも変わっていく。このときすでに、そういう因果の法則のようなものが存在するのではないかと思いはじめていました。

そんな思いを抱いていた私は後に、一冊の本と巡り合いました。私はその本を読んで「善き思いを抱き、善きことを実行すれば人生はよい方向に変わっていくし、悪い思いを抱き、悪いことを実行すれば人生は悪い方向に変わっていく。もともと持っていた運命がどうであれ、それは変わっていくものであり、運命は決して宿命ではないのだ」ということを確信するに至りました。

私は六十五歳になってから、禅宗の一つである臨済宗妙心寺派の円福寺というお寺で得度《とくど》をさせていただきました。仏教を学びたいと思い、お坊さんの端くれに加えていただいたのです。

仏教では、私が抱いていたような考え方を「因果応報」と呼びます。

ご承知のとおり、お釈迦様は修行をされて最後に悟りを開かれます。お釈迦様のおっしゃる悟りの中心とは、一言で言うならば、この宇宙は「因」と「縁」によって成り立っているという考えにあります。

私は二十七歳で会社をつくっていただいた当初から、人生というのは自分の心の思い通りに変わっていくのだと考えるようになりました。不平不満ばかりの暗い思いや、いやな思いだけを持っていれば人生はさらに暗くなってしまうし、明るく前向きな思いを抱いて頑張れば人生は好転していく。自分の心の持ち方一つで、人生は良いほうにも悪いほうにも変わっていく。このときすでに、そういう因果の法則のようなものが存在するのではないかと思いはじめていました。

「因」というのは原因ですが、この「因」が「縁」に触れて「果」、つまり結果を生じると考えるのです。これは現代物理学の最先端にある宇宙の原理に照らしてみても、その通りなのです。

お釈迦様が修行されて悟りを開いたというのは、真の知恵を得たという意味です。その真の知恵、つまり悟りを開いた境地から自然界を見ると、宇宙というのは、森羅万象あらゆるものが、まず何らかの原因があり、それが縁に触れて結果を生んだものなのだということになります。

わかりやすく言えば、一粒の米の籾《もみ》を田んぼに植えると、水と土壌の作用や天候によって芽が出ます。そして太陽の光に当たってすくすくと伸びて、たくさんの米の籾をつける。これを因果の法則で見るならば、一粒の最初の籾が原因となります。そして、土壌、水、太陽光線といった森羅万象あらゆるものが縁となり、果を結んで米となって実るのです。

## 思いが人生をつくっている

生物の世界でも物理科学の世界でも、すべてがこの法則で成り立っています。お釈迦様は悟りを開かれた目でこの世界を見て、「宇宙の真理とは、森羅万象すべてにもとの原因があって、原因は縁によって結果を生んでいくのだ」と説いているのです。

これは、我々の人生にもあてはまる考え方です。

私たちは現世で、いろいろな生活をし、いろいろな生き方をしています。この我々が現世で生きているというのは結果です。そうした結果にはもともとの原因があって、その原因が縁に触れて我々は現在の生活をしているわけです。

では、この現世で人間がつくる原因の最初にあるものは何かと言えば、それは人間の思いです。我々は自分の心に思ったことを実行するのであって、心に思わないことは実行しません。思ったことをすべて実行するわけではありませんが、我々がやっていることはすべて心に芽生えたことです。

だから、思うことが原因ですし、思いを実行したこともまた原因となるわけです。その思いと行動の結果として、今、我々が生きている人生があるのです。

## よい因をつくればよい結果が生まれる

現世で暮らしています我々の環境には、家庭、会社などがあります。それらは我々が前世でつくった原因、そして現世に生まれてきてつくった原因の結果です。そうしてつくった原因が縁に触れて、この現世のいろいろな関係の中で結果を生んだものが現在の我々の生活です。

この原因の「因」のことを仏教では「カルマ」とか「業」とか呼びます。この業が縁に触れて現実の世界をつくっているのだと仏教は教えています。

しかし、私自身が前世でどういうカルマを積んだのかは知る由もありません。ですから、せめて自分の意識のあるこの現世では、よい因をつくりたい。そうすれば、おのずとよい結果が生まれるだろうと思うのです。

前世で私はどんな悪さをしたかわかりませんから、この世で大変苦しい目に遭うかもしれません。それはしようがないことです。しかし、せめてこの現世ではよいカルマをつくっていきたい――そう考えたとき、私は、世のため人のために少しでも善いことをして生きていこうという思いを抱くようになりました。善い行いは素晴らしい因をつくるわけですから、それがこの世で縁に触れて、よい結果を生んでいくのではないかと考えたのです。

そう考えれば、いまにも潰れそうな中小零細企業であっても、一所懸命に働き、善きことに努めれば、従業員が安心して働けるようないい会社にしていけるのではないかと思いましたし、また実際に、そういう生き方をしはじめました。

## 創業時の五つの誓い

三百万円の資本金を出していただいて、年若い七名の同志と会社をつくったとき、私はお金を一銭も持っていませんでした。そのときまず私がしたことは、自分の思いをはっきりと掲げることでした。

「稲盛和夫の技術を世に問うためにつくっていただいた会社だから、心を一つにして頑張っていこう。人のため世のためになるような会社にしていこう」

という思いを書面にまとめて、仲間たち七人とともに、そこに血判《けっぱん》を押しました。

二十七歳で会社を設立した当初において、私は人のため世のために尽くすことを目的にしようと宣言していたのです。なんとかよい種を蒔《ま》きながらよい結果が得られるような生き方をしていきたいと思い、それにはまず善き思いを心に抱くことが大事だと思ったからでした。

それと同時に、私は自分の思いを五つの誓いとして立てました。

一番目には、常に感謝の心を忘れないようにしていこうということ。

二番目には、優しい美しい思いやりの心を忘れないようにしていこう。お釈迦様が説かれる慈悲《じひ》の心を忘れないようにしていこうということ。

三番目には、せっかく会社をつくっていただいたのだから、一所懸命努力をし、一所懸命働こう。誰にも負けない努力をしようと考えました。

四番目には、会社を経営していく上ではいろいろ困難な出来事があるだろうけれども、忍耐の心を持って、それを耐え忍ぼうと考えました。

五番目には、人間としてやってはいけない悪いことは決してやるまい。子ども心に両親や小学校の先生から教わったプリミティブな道徳心、倫理観を守っていこうと思いました。

この五つが私にとっての善き思いです。これらの善き思いを常に自分の心に抱きながら、それを実行していこうと誓ったのです。

## 新しい旅立ちのために魂を美しく磨き上げる

ちょうど六十歳になった頃でしたが、私は一つの思いを抱きました。私もやがては死を迎える。そのときにどういう準備をすればいいのだろうかと考えはじめたのです。

人は生まれてから二十年ぐらいの時間を費やして社会に出る準備をします。そして、四十年ぐらいの社会生活を経て、六十歳で定年を迎えます。それからあと、最近では寿命が延びましたから八十歳まで生きるとすると、二十年という時間が残されています。

その二十年は何のためにあるのだろうか、と私は考えました。そして、社会に出るための準備期間が二十年必要だったのだから、死を迎えるためにも二十年が必要なのではないか。つまり、死を迎える準備のために二十年という時間が私に残されているのではないかと思ったのです。

しからば、死を迎える準備はどうすればいいのか。私は、死とは肉体の死ではあっても、魂の死ではないと思っています。私の死というのは、私の魂が新しい旅立ちをしていくめでたい日だと思うのです。死は悲しいことではなくて、魂が新しい旅立ちをしていく嬉しい日なのです。

さすれば旅立っていく魂に美しい装いをしてあげなければならないのではないか。自分が持って生まれてきた魂を、この現世の荒波の中で洗い清めて、少しは美しい魂に磨いていって死を迎えることが大事ではないのか――私はそう思いはじめました。得度をしたというのも、実は魂を磨くための一環であったのです。

魂の新しい旅立ちに際して、私の魂は新しい装いをつけ、そして明るくあの世へ旅立っていく。そういうものにするために魂を美しく磨く必要があるのだと思った瞬間、私は、これこそが人生を生きる意味なのではないかと悟りました。

会社を成功させて有名になったり、お金持ちになったり、そんなことのために人生があるのではない。人生を生きる意味とは、まさに自分の魂を磨くことにある。死ぬときに、生まれたときに持ってきた魂より少しでも美しい魂にして、新しい魂の旅立ちを迎えるためにある。このことが人生を生きてきた価値なのではないか、また目的ではないのかと気がついたのです。

この美しい魂にするとは、わかりやすく言えば、先に申し上げた善き思いを心に抱き、善きことを実行していくことになります。魂を磨くためには、毎日毎日、そうありたいと思って自分が謙虚に反省し、自分自身を変えていく努力をしなければいけません。知識として知っていただけでは、決して魂は磨けません。

美しい思いやりに満ちた素晴らしい魂にしていこうと思えば、毎日毎日、自分にそう言い聞かせながら、「きょうの自分の思い、きょうの自分の行動は、果たして、善きことに基づいていたか」と自分自身に問い詰めながら、自分の思いと行動を毎日のように修正していかなくてはいけないのではないかと思うのです。

会社を成功させて有名になったり、お金持ちになったり、そんなことのために人生があるのではない。人生を生きる意味とは、まさに自分の魂を磨くことにある。死ぬときに、生まれたときに持ってきた魂より少しでも美しい魂にして、新しい魂の旅立ちを迎えるためにある。このことが人生を生きてきた価値なのではないか、また目的ではないのかと気がついたのです。

## 魂が磨かれると人格が変わる

死を迎える前に自分の魂が美しい魂になったかどうかは誰にもわからないのですが、それを検証する方法が一つだけあります。それは何かというと、魂を美しく磨きたいと常日頃考えて行動していますと、人柄が変わってくるはずなのです。善き思いを常に心に抱き、善き行動をしていれば、性格が変わるはずなのです。

人間というのは、ろくでもない妄念を抱くものです。私だって偉そうなことを言っていますが、妄念だらけの人間です。それを自分で「それはいかん、それはいかん」と戒《いまし》めながら、正しい方向へ、正しい方向へと自分を向けていく毎日を送っています。

常にそういう修正をしていくと、自然とそれが魂を磨く、心を磨くという行為になっているのです。その結果として、性格、人柄が変わっていくわけです。つまり、性格に影響を及ぼさないような思いでは意味がないのです。

性格は生まれたときから一生変わらないものではありません。心の中でどういう思いを抱いているかによって、その人の性格は変わっていくものです。だから、だんだん年を重ねるに従って「あの人はいい人だね。若い頃とはだいぶ違って、いいお人になったな」と言われたとすれば、そのことが実は、少しは美しい魂になっていった証拠なのです。人柄を見れば、魂が美しいものになったかどうかがわかるのです。

## 芥川龍之介と小林秀雄の言葉

そう思っていたところ、作家の芥川龍之介のこんな言葉を知りました。

「運命は、その人の性格の中にある」

また、文芸評論家の小林秀雄はこう言っています。

「人は性格に合ったような事件にしか出くわさない」

善きことを思い、善きことをすれば、よい結果が生まれると言いましたけれども、そういう思いをずっと抱いて行動していると、それはまさにその人の性格を形づくっていくのです。

そして芥川龍之介が言うように、その性格によって運命が決まってくる。また、小林秀雄の言うように「人は自分の性格に合った事件にしか遭遇しない」のだとすれば、「私は大変不幸な事件に巻き込まれています」というのは「あなたの思いが呼んだのですよ」「あなたの性格がそれをつくったのですよ」とも言えるわけです。

この二人の先人の言葉は、性格が変わっていくまでの強い思いを抱き、毎日毎日、自分の思いを修正しながら、善き思いに変え、善きことをする方向に変えていくことが大事なのだということを如実に表していると思います。

## 「無心」とは仏の慈悲の心

私は最初に、人は何のために生きるのかといえば、世のため人のために尽くすためだと言いました。他人さまに美しい優しい思いやりの心で接していく。いや、他人さまだけではなく、森羅万象《しんらばんしょう》あらゆるものに思いやりの心で接していく。それが生きていくために一番大事なことだと言いました。

これは現在の地球を取り巻く問題を見てもわかります。今は我々人類だけが大変な繁栄を遂げて文明生活を享受していますが、実は地球は大変病んでいます。このまま我々が贅沢の限りを尽くしていったならば、この地球は破壊され、我々人類が住むことができなくなってしまうかもしれません。環境学者の声に耳を傾けるまでもなく、人口問題を見ても、資源問題を見ても、また地球環境問題を見ても、我々人類にとってだけよければいい、という横暴な考え方では、もう人類が生きていけないことは明らかです。

この地球上に生存する森羅万象あらゆるものは共に生きていかなければならないのです。それには、生物界の頂点にいる我々人類が、美しい思いやりの心を持ってあらゆる生物にまで愛の心を差し出していかなくてはいけない。そうしなければ、地球は存続できず、人類も生存していけないのではないかと思います。

私は禅宗のお坊さん方とお付き合いがありますが、禅宗は難しい宗教でして、不勉強な私ではなかなか理解ができません。坐禅もあまり熱心にはやっていませんから何とも理解し難いのですが、禅宗では、坐禅を通じて「無」になることが極致だといわれています。

この「無」になるということは、言葉を換えると「無私」、つまり自分を無くすこと、また「無心」、心を無くすことだともいわれます。我々は妄念を心に抱きますが、その妄念を抱く心を無くすことが「無」だというのです。

私は、この「無」こそが仏の心なのではないかと理解しています。「無」になったときに仏の本当の心がわかる。そしてこの仏の心とは慈悲の心です。修行に修行を積んで行き着く先は、お釈迦様が到達された仏の心、すなわち慈悲の心に満ち満ちた状態に自分を持っていくことなのではないか。それが禅の極致といわれているのだと理解しています。

我々は難しい修行もできませんし、また実際にしてもいません。しかし、優しい思いやりの心で、周囲の人たちに、あるいは森羅万象あらゆるものに接しなければならないということぐらいは理性でもわかります。ですから、せめてそれを実行していくことが大事なのではないか。そう私は思っています。

## 一回しかない人生をどう生きるのか

今、「優しい思いやり」と言いましたが、世のため人のため、いや地球環境も含めて大きなものを包み込んでよくしていこうと思えば、ただ優しいだけでは足りません。一所懸命仕事をし、一所懸命精進をして努力をしていくということが伴っていませんと、空念仏《からねんぶつ》で終わってしまいます。

それゆえ私は、このたった一回しかない人生を、精の限り、魂の限り、一所懸命努力につぐ努力をしていこう、そしてその成果を周囲の人たち、いや地球人類のために使っていこうと思っています。そのようにダイナミックな生き方をしながら世の中にお返しをしていくことこそ、生きる目的ではないかと思っているのです。

今、しみじみと人生を振り返ってみますと、会社をつくっていただいた頃は、従業員が安心して働けるような立派な会社にしようとだけ思っていました。また、できれば立派な会社にすると同時に、グローバルな企業にしたいという思いも持って、一所懸命努力しました。

現在すでに私は一線を退いていますが、京セラという会社は世界で一兆円を超えるような売り上げを上げ、たくさんの利益が出る会社になっています。また、今から三十年ほど前につくらせていただいた第二電電は、ＫＤＤＩと名前を変えて、売り上げ三兆円の巨大な企業になりました。

そういう意味では、若い頃に抱いた「立派な会社にしよう」という私の目的は達成したのかもしれません。しかし、死を迎える前に、果たしてこれが自分の人生の目的だったのかと自問してみると、首を横に振らざるを得ないのです。京セラをつくった、ＫＤＤＩをつくった、いろいろな発明発見をしたといくら言っても、何の手柄にもなりません。先ほどから繰り返し申しているように、人生の目的とは、持って生まれてきた魂が少しは美しい魂になったか、ならなかったか、それだけなのではないかと思うからです。

生活が貧しかろうと、どんな逆境にあろうと、日々美しい魂になるように自分の魂を磨いて過ごしていらっしゃる皆さんこそが、立派な目的に向かって努力をしていらっしゃる方々なのです。そこにこそ、この世に生まれてきた本当の意味があるのだと、私は今、思っています。

どうか皆さんも、一度そのような見方で自分の人生を検証してみていただきたいと思います。さすれば、「人は何のために生きるのか」という問いの答えを必ず自分の手でつかみ取れるのではないかと思います。

# 第六講

# 運命を開く道

（二〇一三年九月十四日）

平成二十二年、経営破綻した日本航空の再建に取り組むために会長に就任。二年八か月で再上場を果たし、平成二十五年、会長を退任した直後に行われた月刊『致知』創刊三十五周年記念式典での講演です。八十一歳を迎えた著者が、人生の節目で支えてくれた恩師、友人との交流を振り返りながら、感謝の心を持ち、善きことを行うよう努めることの大切さ、またそのことが運命を好転させることを説いています。

## 中学校入学への道を開いてくれた土井先生

『致知』創刊三十五周年、誠におめでとうございます。長きにわたり、人々の良心に火を灯《とも》し、社会の健全な発展に資するという、まさに出版界の王道を歩み続けてこられましたことに、心から敬意を表します。

本日は、「運命的な出会いが人生をつくる」というテーマで、私の人生における素晴らしい方々との出会いから説き起こし、お話をしてみようと考えています。私が「運命的な出会い」と申し上げているのは、思いやりに満ちた純粋な思いから、自分に接してくれ、助言や支援を下さる人との出会いのことをいいます。

この年になって、人生を振り返りますとき、しみじみとそういう方々の厚意、善意で今日の自分があるということを実感し、またそのことを思うとき、心の底から感謝の思いが湧き出てきて、心の中で自然と手を合わせています。

それでは、私自身の人生を振り返って、どういう厚意、善意の方に出会い、私の今日があるかを、幼い頃から順にお話をしていきたいと思います。

一九三二年生まれの私が、小学校の卒業を迎える頃、つまり一九四〇年代半ばは、ちょうど第二次世界大戦の真っ只中でした。そのせいもあってか、私は小学校時代にはあまり勉強をした記憶もなく、学校でいたずらばかりしている、いわゆるガキ大将の一人でした。

小学校卒業にあたり、鹿児島の名門旧制中学を受験するのですが、勉強などろくにしていませんから、受かるはずがありません。当時、戦時中の学校制度では、上の学校に進学しない子どもたちは、国民学校に併設されている高等科に二年通い、その後就職するというのが一般的でした。中学受験に失敗した私も、国民学校高等科に入学しました。それは昭和十九年、終戦の前年のことでした。

その昭和十九年の暮れに、私は風邪をひいてしまい、ずっと寝込んでいました。微熱が長く続き、咳《せき》もたくさん出たものですから、病院で診てもらうと、何と結核の初期症状である肺浸潤《はいしんじゅん》だったのです。

当時、結核は死に直結する、大変重い病気でした。また、特効薬もない時代ですから、医師からはただ「安静にして、十分栄養を取らなければならない」という指導があるだけでした。しかし、その頃は、食糧難が進行し、栄養補給もままならない時代でもありました。

年が明けた昭和二十年、そのような私を、小学校の担任であった土井先生が、わざわざ空襲の中を家まで訪ねてきてくださいました。日頃、特に指導していただいていたわけではなかったのですが、何事かといぶかる父や母に、「和夫君をどうしても中学校に入れてやってください」と頼んでくださり、願書まで提出して下さったのです。

また試験の当日は、防空頭巾《ぼうくうずきん》をかぶって、私の家まで来られて、「和夫君を借りていきます」と、まだ熱の残る私の手を引いて、前年に受からなかった、旧制の名門中学校の試験会場まで連れていってくださいました。

しかし、そのような体調での受験ですから、受かるはずがありません。私は「もう中学校に行くのはあきらめよう」と思いました。当時は鹿児島市内にもしょっちゅう米軍の空襲がありましたし、結核とは死に至る病気だということも知っていたからです。つまり、子ども心にも、「死」というものを意識し、進学を断念していたのかもしれません。

そのような折、また土井先生が私の家まで訪ねてこられ、両親に「どうしてもこの子を中学校に行かせてあげてほしい。鹿児島一中は受からなかったけれども、鹿児島中学という私立校がある。何としても中学校に行きなさい」と話してくださったのです。

ところが、私は「先生、もう中学校に行くのはあきらめました」と言いますし、両親も「この子は病気ですから、中学校には行かせないつもりです」と言っていました。しかし、土井先生は、私の願書をすでに鹿児島中学校まで届けておられたのです。そして「受け付けは終わっているから、必ず試験に行くように」と言い残していかれました。

私は、教え子を助けてやりたいという、土井先生の厚意、善意のままに、私立鹿児島中学を受験し、何とか合格することができ、進学を果たしました。もし、土井先生が願書を出してくださっていなければ、まちがいなく私は国民学校高等科卒で社会に出ていました。

小学校時代の同窓会に顔を出しますと、小学校を卒業し、市バスやタクシーの運転手になった同級生や、実家の食堂を継いだという同級生に出会い、昔話に花が咲くことがあります。私も田舎でそのような人生を送っても、何らおかしくなかったのです。今日《こんにち》があるのは、土井先生のおかげだと強く思い、今も心から感謝しています。

## 大学入学を薦めてくれた辛島先生

昭和二十年春、旧制中学校に入学したのですが、その年の夏の敗戦により、学制が変更となり、旧制中学が新制中学にかわり、三年で卒業してもよいし、その後も勉強を続けたいなら、新制高校に行けばよいということになりました。

私が進学した高校では、旧制中学で校長をしておられた辛島政雄《からしままさお》先生が、三年生のときのクラス担任になって、主に数学を担当しておられました。私も数学が大変好きであっただけに、いろいろと面倒をみていただきました。

卒業を迎える頃になり、私は高校の三年間、少しは勉強をしたつもりでしたが、家が裕福でなかったことから、地元の鹿児島銀行にでも就職しようと考えていました。

両親は、まさに貧乏人の子沢山《だくさん》で経済的に苦しんでいましたし、兄も進学せずに就職をしていましたので、次男である私も、当然のことながら、働いて家計を助けなければならないと考えていたわけです。

ところが、担任の辛島先生は「どうしても稲盛君は大学に行くべきだ」と言い、わざわざ私の家を二度ほど訪問いただきました。「稲盛君は学校で一、二の成績だし、就職するのは惜しいですよ。苦しいでしょうが、大学で勉強をし、好きな道に進ませた方がいいと思います。ぜひ考え直してください」と、就職を希望する両親を説得してくださったのです。

学資についても、「稲盛君は、中学、高校と育英奨学金をもらっているのだから、大学でも受ければいい。さらにアルバイトをすれば、何とかなる。何としても大学へ行くべきだ」と、渋る両親に熱弁をふるっていただきました。

私の両親はともに小学校しか出ていませんから、次男坊の私が大学へ行くことなど考えもしていません。高校を出たら働くものだと思い込んでいたのですが、辛島先生が必死に説得をしてくださり、私の大学進学に道を開いてくださいました。

もし、辛島先生がわざわざ家まで訪ねてくださり、両親を説得してくださらなかったとすれば、やはり今日の私はなかったに違いありません。

そのようにして、大学をめざすことになった私ですが、志望した大学に行くことは適わず、地元の鹿児島大学工学部応用化学科に進学することになりました。

そして、私は大学の四年間、「ガリ勉」と言っていいほど、懸命に勉強に取り組みました。

## セラミック技術者としての道を開いてくれた内野先生

そして、いよいよ就職先を決めなければならないというときのことです。その頃は、戦後十年しか経っておらず、また朝鮮戦争終了後の不況の影響もあり、就職先がなかなか見つかりません。特に地方大学出身の者にとっては、いくら成績が優秀でも、思うような会社に就職することは大変難しい状況であったのです。

私の指導教授であった竹下寿雄先生は大変心配され、就職先を探すために一所懸命駆けずりまわってくださいました。そして、ようやく見つけていただいたのが、京都にある松風工業《しょうふう》という碍子《がいし》の製造会社でした。竹下先生の知り合いが、松風工業の技術部長をしていたご縁で就職することができたのです。

しかし、私は大学時代、有機化学を専攻していただけに、急遽、磁器つまり無機化学を勉強しなければならないことになり、半年間だけ、鹿児島県の入来《いりき》地方の粘土鉱物の研究に携わりました。そして、ハロイサイトという結晶を発見するなど、半年間の成果を卒論としてまとめたのですが、この論文がもとで、一人の恩師との出会いがありました。

卒論の発表会のときに、思いもかけず、私の論文が新たに着任された内野《うちの》正夫《まさお》先生の目に留まったのです。内野先生は、東京帝国大学応用化学出身で、戦前には満州で国策の軽金属製造を指揮するなど、第一級の先端技術者として、活躍しておられた方でした。

そんな著名な先生が、私の論文に目を通され、絶賛してくださったのです。「あなたの論文は東大の学生よりも素晴らしい」とまで言ってくださり、コーヒーをおごっていただいた上に、「あなたはきっと素晴らしいエンジニアになりますよ」というお言葉を頂戴するなど、高く評価してくださったのです。

私は、内野先生の講義を受けたことは一度もなく、大学時代に接点はほとんどなかったにもかかわらず、内野先生の私への厚意と善意は、大学卒業後も続きました。

私が就職した松風工業は、もともとは日本ガイシをもしのぐ勢いがあった優良会社であったそうですが、戦後はずっと赤字経営を続け、私が入社した頃には、給料日に給料が出ない、一週間から十日遅れでようやく支給されるという、傾きかけた会社に変貌していたのです。

私は、入社間もないにもかかわらず、そういうボロ会社に対して不平を漏らしていました。「自分の人生はどうなってしまうのだろう」、そのような暗澹《あんたん》たる思いでいた私を、内野先生は鹿児島から東京に出張される折などに、いつも「何時何分の特急つばめで京都駅に停車する」と電報をくださり、わずかな停車時間中に、列車のデッキで相談をさせていただきました。

内野先生は大変素晴らしい学者であり、エンジニアであると同時に、素晴らしい人格者でもいらっしゃいましたので、私は研究上のアドバイスのみならず、人生の先達として、様々なことをご相談申し上げていたのです。

松風工業に入社して三年ほどたった頃、新しい研究テーマについて、上司と意見が合わなくなり、会社を辞めることになりました。ところが、辞めることだけを先に決め、周囲に公言してしまったものの、次に行くところの見当は全くついておりません。

ちょうど、その前年に、パキスタンから松風工業に実習生が来ていました。私がひと月ほど面倒をみてあげ、技術的な指導もしてあげていたのですが、その実習生とは、実はパキスタンで絶縁用碍子をつくっている大きな会社の御曹司でした。

彼は実習が終わったあと、私を捕まえては「ぜひパキスタンに来てほしい。父親が経営している会社の工場長をしてほしい」と、幾度となくアプローチを繰返していました。それも、当時、私が松風工業からもらっていた給料の何倍もの報酬を出すという、破格の待遇でした。

そのときは断り、彼もパキスタンへ帰ったのですが、私が上司とケンカをして会社を辞めることになったときに、ふと思い出して、パキスタンに手紙を書いて、「まだ採用してくれるか」と問いました。すると、「ぜひに」ということでしたので、私はパキスタンに渡ろうと考えていたのです。そして、そのことを内野先生にご相談しました。

すると、内野先生は即座に「絶対にパキスタンには行ってはなりません。せっかくここまで高めてきた技術を、パキスタンで切り売りすれば、数年後に日本に帰ってきたときには、エンジニアとしてのあなたは使い物にならなくなっているでしょう。あなたがパキスタンにいる間に、日本の技術は日進月歩で進んでいくはずです。ぜひ日本で頑張り続けなさい」とおっしゃってくださいました。

京都駅のホームで、内野先生から言下にそう言われ、私はパキスタン行きを断念しました。今思えば、もし、あのままパキスタンに行っていたなら、私はファインセラミックスの世界の入り口を垣間見ただけの、中途半端なエンジニアとして終わっていたと思います。

内野先生は、そのようにして月に一度くらいのペースで、鹿児島と東京の行き帰りに電報をくださり、いつも京都駅のホームで四、五分の面会をさせていただきました。そのたびに、「研究は粘り強く進めることが大切だ」などと、適切なアドバイスをいただきました。

また、京セラを創業してからは、京都駅のみならず、私が東京に出張する機会に、内野先生をお訪ねしました。当時、先生は鹿児島大学を辞めて、同級生の紹介で、日本パーカライジングという会社の東京研究所の所長を務めておられました。

当時の私の手帳を見返してみると、東京大学や東京工大、さらには九州大学などの大学研究機関への紹介をお願いしたり、新製品、新規事業の技術的アドバイスを受けたりしていることを、私自身が克明に記録しています。

また、内野先生がお亡くなりになる直前のことです。危篤との急報を受けて、急遽私は、米国の出張先から飛んで帰り、羽田に着いてすぐに、入院先の都内の病院へ駆けつけました。

すると、旧厚生省の技官を務めておられた内野先生のお嬢さんが、病院の廊下に待機しておられました。私が「病室に入っていいでしょうか」と問うと、「父は、いつも『稲盛君はどうしているだろう？』と話していましたので、大変喜ぶと思います」とおっしゃっていただき、入室を許されました。

そして、枕元で「内野先生」とお声を掛けますと、もう骸骨《がいこつ》みたいに痩せて、伏せっておられましたが、破《わ》れ鐘《がね》のような声で「おお！　稲盛君、大したもんだ！　大したもんだ！」と、しきりに私に話しかけられるのです。

京セラが発展を続けていることをご存じで、そのことを心から喜んでいただいていたのだと思いますが、「大したものだ！」とあまりに幾度も仰るものですから、お体に悪いと思い、お見舞いを申し上げ、近況をご報告し、早々に失礼をしたことを思い出します。

このように、まさに死の直前に至るまで、私のことを気に掛けていただくなど、終始、あふれるような厚意と善意で私に接していただいた、本当にかけがえのないお方でした。

今思い返してみても、内野先生との出会いがなければ、また内野先生からいただく、様々なアドバイスに素直に耳を傾けることがなければ、私の人生は、また京セラの経営は全く異なるものになっていたように思います。本当にいくら感謝しても感謝しきれない、私の大恩人でいらっしゃいます。

## 京セラ創業の道を開いてくれた西枝さん

さて、松風工業を退職する際、一緒に飛び出すことになった元上司が、新しい会社をつくるにあたり、私を、京大時代の同級生である西枝一江《にしえだいちえ》さんに紹介してくださいました。

当時、宮木電機という会社の専務をされていた西枝さんでしたが、初めてお会いしたときは、私を見ても「こんな若造が」という反応しか示されませんでした。

しかし、何度も通い詰め、ファインセラミックスの可能性を繰り返し説いていくうちに、「やってみるか」とおっしゃっていただくようになり、他の宮木電機の役員の方々にも、新会社への出資を促していただきました。

また、西枝さんは、ご自身の家屋敷を担保にして、一千万円もの開業資金を用意してくださいました。その献身的なご支援があればこそ、京セラを創業することができたのです。今から五十四年前、昭和三十四年のことでした。

この西枝さんには、経営のあり方から、お酒の飲み方まで、実に多くのことを教わりました。心が広く豊かで、恬淡《てんたん》として欲がなく、会社の状況をご報告するたびに、京セラの成長を我がことのように喜んでくださいました。

京セラを上場させようと思い、そのことを西枝さんにご相談したときのことです。てっきり喜んでいただけると思っていたところ、「そんなことはやめなさい」とおっしゃるのです。上場により、大株主であるご自身が相当の利益を手にすることができるにもかかわらず、「訳のわからない株主に経営を左右されるような上場などするべきではない」と言われるのです。

それほど、欲のない、心の美しい方でした。今も、そのお姿を思い返すとき、私は心の底から、「我が師」と呼ばせていただきたいと思います。

新潟のお寺で生まれ育った、この西枝さんとのご縁から、後に私を得度《とくど》に導いてくださった、臨済宗《りんざいしゅう》妙心寺《みょうしんじ》派《は》管長《かんちょう》の西片擔雪《にしかたたんせつ》ご老師との出会いもいただきました。西枝さんは私の人生において、かえすがえすも、欠かすことのできないお方であったと強く思います。

今まで「人生の師」と仰ぐような、いわゆる目上の人との運命的な出会いについて、お話ししてまいりました。もう一つ、人生で大切なことは、同輩の人との付き合い方、つまり友だちの選び方であり、人生ではそれも大変大切なことだと、私は考えています。

## 京セラの成長発展を支えた宮村先生

友人関係ということで、私自身がまず思い起こすのが、親友でもあった宮村久治先生とのお付き合いです。

宮村先生との出会いは、いまから四十年ほど前にさかのぼります。ちょうど、京セラが飛躍的な成長発展を遂げていた頃でありました。私が京セラを大阪証券取引所第二部に上場しようと考えて、監査法人を探していたところ、住友銀行の京都支店長から、宮村先生をご紹介いただきました。

当時、宮村先生が四十八歳、私が三十九歳、九歳年上の方でした。実際にお目にかかってみますと、想像以上に気難しいおじさんで、私が「監査をお願いいたします」と頼むと、「あなたは簡単に監査をお願いすると言われるけれども、そう単純に引き受けるわけにはまいりません」と言われるのです。

そして、さらに「決算にあたって、私はあなたにいろいろと意見を言い、注文をつけると思いますが、あなたはそれを素直に聞いて、従っていただけますか？」と、私に問うのです。

私が、「もちろん、私は人間として正しいことを正しいままに貫いていくということを、かねてから信条にしていますから、不正なことをするつもりは毛頭ありません。決算においても、あなたがおっしゃる、正しいことを敢然と貫いていくつもりです」と答えますと、次のように言われるのです。

「いや、皆さん、そう言うんです。経営が順調なときには、正しい決算をしても大丈夫なものですから、そう言う。ところが、ひとたび不況になって、経営が苦しくなってきて、思うような決算にならなくなってくると、我々公認会計士に『そんな堅苦しいことを言いなさんなよ。ここのところはあんた、ちょっとこう数字を変えてくれてもいいではないか』というような粉飾決算まがいなことを、かねて立派なことを言っていたはずの人が言い出すのです」

私に向かって、「あなたも、その類《たぐい》の人ではありませんか」と言わんばかりのそんな言い様に、思わず私も気色ばんで、「そんなことありません！　私はどんなときでも、自分の考え方を変えることはありません」と言うと、宮村先生は「それじゃあ、男に二言はありませんな」とおっしゃって、ようやく監査を引き受けていただきました。

しかし私は、そんな徹底して公明正大に、企業を監査しようとしていく、宮村先生の姿勢に強く惹かれました。そして、その後、京セラの監査法人として、また私の無二の友人として、公私ともに親しくお付き合いをさせていただくことになりました。

大変気難しく、また理屈っぽい人で、私とは意見が異なり、ことあるごとに激突をしていましたが、会計を語り、経営を語り、時局を語り、そして人生を語るうちに、本当に親友と言えるほどの間柄になり、一緒に酒を飲みに行ったり、ゴルフに行ったりするようにもなりました。

そういう遊びのときでも、完全には遊びにならないのです。ゴルフをしていても、人間の生き方に関することを話し合っていますし、飲むときでもすぐに、人生論やら政治論になってしまい、意見が違うものですから、すぐに喧嘩みたいになってしまうのです。

私は私で、「宮村先生、それは違うよ!」と意見を言い、宮村先生は宮村先生で、「絶対にそれは違う」と主張を曲げない。それでいて、彼が病気になったりすると、私が心配して見舞い、また私が体をこわすと、逆に宮村先生が私を気遣い、いろいろとアドバイスをしてくれたりするのです。

なかでも、よく議論をしたのは宗教問題でした。宮村先生のお母さんは、大変信心深い方で、毎日、朝まだ暗いうちからお参りをしておられ、また奥さんは敬虔なクリスチャンでした。ただ宮村先生だけは、宗教心のかけらもありません。

私が「霊」とか「魂」とかという話をするたびに、反論をされていましたが、晩年は「ほう、ほう」と肯き、黙って話を聞いておられました。しかし、本当に信じているという風情でもありません。私が熱心に話すものですから、相槌を打たれていましたが、結局、宗教心はないままであったように思います。

一方、企業買収など重要な経営案件では、私は必ず、最初に宮村先生に相談をいたしました。「実はいま、こういうことを考えているんだが……」などと、M&Aの一件を話すと、緻密かつ綿密に、またフェアに、何より自分の損得ではなく、相手である私のことを考え、「あなたが考えていることは、それでいいんです。そうすべきなんです」と、心強い助言をいただけるのです。

公認会計士を超えて、弁護士の領域まで関わるようなことまで踏み込みながらも、宮村先生の見解はいつも正しく、私にとって本当に素晴らしいアドバイスとなりました。宮村先生と付き合い始めてから後、京セラやＫＤＤＩは幾多の企業買収を手がけましたが、そのいずれにおいても、宮村先生に大変ご尽力いただきました。

残念ながら、二〇〇一年の暮れに帰らぬ人となってしまわれましたが、「今ここに、宮村先生がいたなら、楽しい酒が飲めるのにな」とたまに思うことがあります。かえすがえすも、かけがえのない、まさに心の友と呼べる友人であったと思います。

## 京セラの資金調達を支えた堀さん

また、宮村先生と同じく、京セラの上場時にお世話になった方で思い出すのは、大和証券の副社長まで務められた堀清彦《ほりきよひこ》さんのことです。上場しようと考えていたときに、いくつもの証券会社から、「ぜひうちの会社が上場をお手伝いしましょう」という申し入れをいただきました。

しかし、その上場の進め方が異なるのです。ある証券会社からは、「上場するには、創業者が持っている株式を市場に放出する方法と、新株を発行する方法、そして両者の折衷案、つまり創業者の株を一部放出すると同時に、新株も発行する、という方法があります」

「しかし、だいたいは、折衷《せっちゅう》案が普通で、なかには創業者が持っている株式だけを放出して上場するという場合もあります。いずれにしても、リスクを冒して会社を創業し、苦労を重ねて、素晴らしい会社に育てあげてこられた創業者の方々が、十分な利益を得られる方法をお勧めします」

「我々にお任せいただければ、創業者である稲盛さん、あなたが最大限に利益を得られるようにします」という話をいただきました。

一方、大和証券からは、堀さんが来られて、同じような説明をされましたが、私が「新株だけで上場したい」と自分の考えを話すと、「それは、素晴らしいことです。そうすれば、創業者はキャピタルゲインを得られませんが、全て会社の資金になりますので、会社を愛する人にとっては一番いい方法です」と、強く勧めて下さいました。

実際に、京セラは全額新株を発行することで上場を果たし、上場利益の全てを会社の資本金に組み入れました。そして、この金利のつかない潤沢な資金が、後に多角化を推進し、会社を発展させていく上で、大きく貢献したのです。

当時、証券会社というのは「株屋」と呼ばれ、利益至上主義の会社だと考えられていました。堀さんは、そのような業界に身を置きながら、「人間として何が正しいのか」という正論を貫く、素晴らしく正義感の強い人でした。私と意気投合し、その後も個人的なお付き合いが続きました。また京セラは、その後も大和証券を主幹事証券会社として、ずっとお世話いただくことになりました。

## 財界人との交流のきっかけをつくってくれた塚本さん

ワコール創業者の塚本幸一《つかもとこういち》さんも、私を導いて下さった方です。

京セラ上場後、私が相も変わらず、仕事一点張りでやっているところに、突然電話がありました。出ると、「京都のワコールの塚本や」という切り出しで、それまで会ったこともなかったのですが、「あんた、新聞やらで見ていると、素晴らしい仕事をしているやないか。ところで、京都の経営者とはどんな付き合いがあるんや」と問われます。「いや、何にもありません。仕事一本槍です」とお答えしました。

すると、「いや、それはあかんわ。京都の経営者の集まりで『正和会《しょうわかい》』というのをやっとるのや。そこで、京都の経営者たちを紹介するので、あんたも入らんか」と言われるのです。

ワコールの塚本さんというと、立志伝中の人物であり、当時から有名な方でした。そんな高名な方が、親切にも、京都の経営者とのお付き合いの導きをしてくださるというので、一も二もなく「喜んで」と申し上げ、入会させていただきました。そしてその後、京都の企業経営者の皆さんを紹介していただきました。

鹿児島から出てきて、京都で起業し、上場まで果たしながら、仕事一筋で何もお付き合いを知らなかった私を、京都の老舗企業の経営者たちに紹介していただき、京都の経済人の仲間入りをさせてくださったのです。

塚本さんはお付き合いが盛んな人で、その後しばらくすると、今度は「あんた、東京には友人はおるのか」と問われます。「いや、いません」とお答えすると、「それなら、紹介するから、俺についてこい」と言われて、東京に連れて行かれました。

そして、ソニーの盛田昭夫《もりたあきお》さんとか、ヤナセ自動車の梁瀬次郎《やなせじろう》さん、またヤクルトの松園尚巳《まつぞのひさみ》さんとか、さらにはウシオ電機の牛尾治朗《うしおじろう》さんなどを紹介していただき、東京の経済人との交流のきっかけをつくってくださいました。

私は、もともとはそういうお付き合いをする気はなかったのですが、塚本さんの子分みたいにしていただき、京都を代表する企業の経営者ということで様々な方に紹介していただき、中央の経済界における私の人的交流が始まっていったのです。

そのような人脈が、後に私が第二電電、現在のＫＤＤＩを創業しようとしたときに、大きな力となっていったのです。そういう意味では、塚本さんも、私にとって、かけがえのない大恩人です。

## 感謝の心を持つ

思い返してみますと、このように、小学校から中学校へ進学するときにお世話いただいた土井先生、新制高校から大学へ行くときにご指導いただいた辛島先生、大学時代に就職をお世話してくださり、セラミックスという世界への道を開いていただいた竹下先生、パキスタン行きを止めて、技術屋として大成するよう導いてくださった内野先生、そして私を見込んで会社をつくってくださった西枝さん。さらには、年長者でありながら、友人のように親しく接していただき、私を導いてくださった宮村先生、堀さん、また塚本さん。

これらの方々に出会っていなければ、今の私はなかったと強く思います。また、私自身も、それらの方々の貴重なアドバイスに、素直に耳を傾けていなければ、やはり現在の自分は存在しないと断言することができます。

人生というものは、鉄道の線路のようなもので、節々のポイントで方向が切り替わっていくのだと思います。そのポイントこそが、運命的な人との出会いであり、またその人からいただく貴重なアドバイスなのです。その出会いやアドバイスを大切にすることで、人生の軌道を善き方向へと変えていくことができるのではないでしょうか。

私自身の人生、特に幼少期は挫折だらけの悲惨なものでありました。敗戦を迎えたとき、家は焼失し、結核に罹病《りびょう》し、中学受験を二度失敗していました。その後も、大学受験や入社試験に失敗を続けました。さらには就職した会社は、初任給が遅配する倒産寸前の会社でした。

そういう逆境と挫折ばかりが続くなかにあって、私は、斜《はす》に構え、ひねくれ、不平不満と愚痴ばかりをこぼし続ける人間として、悲惨な生涯を送っても、何ら不思議はなかったはずです。

しかし、幸いなことに、私は少年期、また青年期の節目節目で、素晴らしい方々に巡り会い、その厚意と善意に満ちた助言をいただきました。そして、私自身、その厚意と善意に満ちたご支援に応えるべく、懸命に努めてきました。すると、運命が大きく開けていったのです。

そのような方々のどなたかお一人との出会いが欠けても、今日の私はなかったに違いありません。そのことを思いますとき、今改めて私は、心の底から「感謝」の思いが湧き上がってまいります。

思い起こせば、私が人生で、この「感謝」という思いを確かなものとして感じることができるようになったのは、二十五、六歳の頃であったように記憶しています。

悲惨な前半生が続いていましたが、松風工業に入り、研究に打ち込み、その成果をもって、京セラという会社をつくっていただく頃になりますと、自分の人生を振り返って、今あるのも、様々な方々との出会いと助けがあったからだとはじめて思えるようになってきたのです。

そう思えるようになると、今、自分が存在することに対しても、「感謝」をしなければならないと思い始めるようになりました。特に、京セラをつくっていただいた頃には、もう不平不満を鳴らしているような自分ではなくなり、感謝の思いを強く抱くことができるようになりました。

それほど強く感謝の念が湧き起こってくれれば、自分の「幸せ」というものも感じ始めるようになりました。出会った人に対して、また社会に対して、感謝すると同時に、「自分は何と幸せ者なのだろう」と思えるようになったのです。すると、さらに自分以外の人たちの幸せをも願うという、他を思いやる気持ちが自然に湧き出てくるようになってきました。

そのせいか、京セラという会社は、二十歳代の若い仲間を中心に、私を含めて八人が集まってできた会社で、私自身経営というものも、また社会についても、何一つわかっていないときであったにもかかわらず、創業前にその仲間でつくった誓詞血判状には、「世のため人のために尽くす」という言葉を盛り込んでいるのです。

「自分たちは、会社をつくっていただいた。大変幸せなことだ。そのことへの感謝の思いとして、私たちも世のため人のために尽くしていかなければならない」という趣旨の文言を記したことを、いまでも覚えています。

京セラがスタートすると、そのできたばかりの会社をどのように経営していけばよいのか、私は大変悩みました。八人の仲間が集まり、二十人の従業員を採用し、二十八名で会社を創業したのですが、経営を誤り、会社を潰《つぶ》せば、大変なことになります。せっかく集った従業員たちを絶対に路頭に迷わせてはならない。そのために、私は「誰にも負けない努力」を払うことを心に誓い、今日まで必死に働いてまいりました。

やがて、会社が順調に発展し、社会で知られるようになり、同時に私の名前も、経営者として少しは世間に知られるようになってまいりました。しかし、私はそのことに慢心しないように、「謙虚にして驕《おご》らず」ということを自分自身に厳しく言い聞かせ、常に感謝の思いを忘れず、多くの方との出会いがあり、その助けに支えられ、今日があることを自らに言い聞かせてきました。

このように、「感謝」の心をベースに生きるということは、人生にとって大変大事なことではないかと思います。人は決して自分一人では生きていけません。家族や職場の仲間、地域社会、さらには空気や水、食料など、人は自分を取り巻人生というものは、鉄道の線路のようなもので、節々のポイントで方向が切り替わっていくのだと思います。そのポイントこそが、運命的な人との出会いであり、またその人からいただく貴重なアドバイスなのです。その出会いやアドバイスを大切にすることで、人生の軌道を善き方向へと変えていくことができるのではないでしょうか。

くあらゆる存在に支えられて生きています。いや、生きているというよりは「生かされている」のです。

そういうふうに考えたなら、ただ健康で生きているだけでも、自然と感謝の思いが出てくるはずです。そして、先ほどもお話ししたように、感謝の心が生まれてくれば、次には幸せが感じられるようになってきます。

そのように、生きていること、いや生かされていることに感謝し、幸せを感じる心が生じることで、人生をもっと豊かで潤いのある素晴らしいものに変えていくことができるのではないでしょうか。

実際には、「感謝の心を持て」と言われても、なかなか持てるものではありません。しかし、逆境のときでさえ、自分に無理矢理にでもそう言い聞かせ、「ありがとうございます」と試練に感謝し、今まで以上に努力を重ねることが大切です。

不平不満の鬱積《うっせき》した、刺々《とげとげ》しい雰囲気は、自分のみならず周囲の人々にも不幸をもたらしていくことになりますが、嘘でも「ありがたい」と思うようにすれば、自分の気持ちも少しは楽になるはずです。ましてや、「ありがとうございます」と感謝の念を口に出して言えば、周囲の人までもが心地よい思いがしてきます。

例えば、電車の中でご老人に席を譲ってあげると、ご老人が腰を曲げ「ありがとうございます」と言われる。そのときに、席を譲った方も、譲られた方も心地よい思いがしますし、その様子を見ている周囲の人たちまでもが、心地よい気持ちになっていきます。

それは、感謝の言葉を発し、感謝の思いを表すことで、善が循環していくからです。そのように、善きことが次から次へと社会を循環するようになっていけば、この社会はもっと素晴らしいものになっていくに違いありません。

この「ありがとう」という感謝の言葉は、漢字で書くと、「有る」に「難しい」と書きます。つまり、今ありえないこと、有り難いことが起こっているということが本来の意味です。

実際に、京セラという企業を、経営の経験もない二十七歳の私が創業したこと、また徒手空拳《としゅくうけん》立ち上げた、その会社が今日まで隆々と発展し続け、今や一兆円企業に成長することなど、まさにありえないことです。

また、京都にある一地方企業が、国家事業である通信事業に参入し、巨大なNTTに対抗したこと、その会社が新電電の中でトップを走り続け、今ではKDDIとして、売り上げが四兆円に迫るまで発展することも、本来ありえないことです。

さらには、私は二〇一〇年から日本航空の再建に携わってまいりましたが、誰しも二次破綻必至と思われた日本航空が、わずか三年で再上場を果たしたばかりか、世界一高収益の航空会社に生まれ変わったことも、まさにありえないことです。

これらのことは、本来、私のような男にできるようなことではないのです。まさに、神のご加護により、私に様々な方々との出会いを授けてくださり、さらには天の配剤により、私にそのような役回りを与えてくださり、ありえないことが起こってしまったのです。そのことに対して、さらに素直に「ありがとう」と、感謝の言葉を表していかなければならないはずです。

まさに、この感謝の言葉は、自分自身を心地よい境地へと導いてくれると同時に、それを聞いた周囲の人々をもやさしい気持ちにさせ、さらには、奇跡のようなことまでも実現させてくれる社会の万能薬であり、人生を豊かで素晴らしいものにしてくれる妙薬となる言葉であると思います。

この「ありがとう」という感謝の思いを表す言葉が持つ力ということで、もう一つ思い起こすことがあります。それは、私が小学校にあがる前、まだ幼いときの体験です。

父親の出身地である、鹿児島近郊のある村に、「隠れ念仏」がまだ残っていました。隠れ念仏とは、薩摩藩が浄土真宗を禁じ、弾圧を行ったことから、信者が仏壇や仏像を山奥の寂しい一軒家の押し入れなどに隠し、信仰を守り通してきたことを言います。

その隠れ念仏の集会が行われる家に、父親に連れられて行ったことがあります。提灯《ちょうちん》を提げ、暗い夜道を歩きながら、山奥の廃屋へとたどりつきました。すると、お坊さんのような方が座り、念仏を唱えていました。その後ろには、私と同じ小学校にあがる前の子供五人ほどが、手を合わせて拝んでいました。

私もその中に並ぶと、お坊さんらしき方が、私の父親に「この子は大丈夫です。もう来なくても結構です」と話していました。また、私の方を振り向き、「坊や、これから一生、生きていく間ずっと『なんまん、なんまん、ありがとう』と言いなさい。毎日、必ずそう言って仏さんに感謝の念を捧げるんだよ。それを忘れちゃいけない」と私に厳しく諭してくださいました。

この「なんまん」とは、念仏の「南無阿弥陀仏《なむあみだぶつ》」がなまったもので、鹿児島ではもっぱら「なんまん」とみんな言っていました。

お坊さんらしき方は、再び父親の方を向き、「今私が言ったいいつけを守っていけば、この子は素晴らしい人生を送っていきます」とも話しておられました。

私はいまでも、この「隠れ念仏」のことを鮮明に覚えています。そして、そのお坊さんらしき方のいいつけを、今日までずっと大切に守り、ことあるごとに、「なんまん、なんまん、ありがとう」という感謝の言葉を唱え続けてきました。

私は十五年ほど前に臨済宗妙心寺派のお寺で得度を果たし、仏門の端くれに加えていただき、今も毎朝お勤めをしています。禅宗では浄土真宗の教えである「南無阿弥陀仏」という念仏を唱えないのですが、私はたとえ禅宗のお経をあげた後でも、必ず最後には「なんまん、なんまん、ありがとう」と言うようにしています。

また、若い頃から、仕事で海外を飛びまわっていますが、海外のキリスト教の教会、またイスラム教の寺院などに行ったときも、祈りを捧げるときには、必ず「なんまん、なんまん、ありがとう」と唱え、手を合わせてきました。

このようにして、子どもの頃から現在まで変わらず、「感謝」の言葉を唱え続け、「感謝」の思いを育んできたことが、今日をもたらしてくれた基なのではないかと思うのです。また、このことは、人生において、どのような思いを心に抱くかということが、いかに大切なことかということを示していると思うのです。

私は、講演の場など、様々な機会をとらえて、人生のあり方についてお話をしてきました。人生とは、「運命」という縦糸と「因果の法則」という横糸で織りなされています。しかし、「運命」は不変ではありません。善きことを思い、善きことに努めていくことで、よき結果が生まれるという「因果の法則」を使うことによって、人生を素晴らしいものすることができることを、中国の古典である『陰騭録《いんしつろく》』を引きながら、お話ししてきました。

『陰騭録』とは、中国は明の時代に書かれたもので、人は運命に従い、運命のままに生きる必要はない。善きことを思い、善きことを実行すれば、人生はよい方向へと変わっていくということを、「立命」ということで説く、物語仕立ての書物です。

人生には、確かに運命というものが存在します。その運命を自分で知ることはできませんが、自分が辿っていく人生というものは、生まれたときから決められているのだと思います。私の前半生がそうであったように、挫折続きで、過酷な人生が運命で決められていることもあるかもしれません。

しかし、そのような人生を生きていく節々で、善きことを思い、善きことを実行していけば、運命はよい方向へと変わっていくのです。逆に人生の節々で悪しきことを思い、悪しきことを実行すれば、運命は悪い方向へと曲がっていくのだろうと思います。

## 「善きこと」を実践するには

では、いかに「善きこと」に努めるのかということが大切です。

私は、お釈迦様が説かれた「六波羅蜜《ろくはらみつ》」が、まさにそのための方法を示していると考えています。つまり、お釈迦様が、魂を磨き、心を高め、悟りの境地に到達するための修行として説いておられることが、まさしく私が今申し上げてきた、善きことに努めることと同じことなのです。

六波羅蜜の一番目は、「布施《ふせ》」です。自分がいまあることに感謝し、他に善かれかしと願い、他人《ひと》さまに何かをしてあげることです。思いやりの心、優しい心をもって、世のため人のために尽くすことです。

二番目は「持戒《じかい》」です。人間としてしてはならないことを定めた戒《いまし》めをひたすら守っていくことです。言い換えれば、人間として何が正しいのかと問い、その正しいことを貫き、してはならないことはしないということです。

三番目は「精進《しょうじん》」です。人は生きていくために働かなければなりません。働くということは厳然たる人生の鉄則であり、お釈迦様は「ただ一所懸命に、誰にも負けない努力で働きなさい」とおっしゃっています。

四番目は「忍辱《にんにく》」です。苦しいこと、辛いことを堪え忍びなさいということです。人生は波瀾万丈、今は幸せそうに思えても、いつ何時、苦難が押し寄せてくるかわかりません。その厳しい試練を、堪え忍んでいくことが大切です。

五番目は「禅定《ぜんじょう》」です。心を静かにすることです。荒々しい心のままでは、心を高めることはできません。多忙な毎日を送る中でも、心を静めることに努めなさいとお釈迦さまは説いておられます。

六番目は、「智慧《ちえ》」です。今お話ししてきたような五つのことに、日々懸命に努めていくことで、悟りの境地、つまり偉大な仏の智慧に至ることができるといわれています。

先に申し上げたように、私は二十五、六歳のとき、過去を振り返り、素晴らしい出会いがなければ、今の私はなかったことに気づき、「感謝」の念が芽生えてきました。そして、そのときから、世のため人のために尽くすために、誰にも負けない努力を払い、人間として正しいことを貫き、試練に耐え抜き、ときに心静かに反省を繰り返してきました。

そのようにして生きてきたことが、奇しくも、お釈迦さまが説かれた「六波羅蜜」の修行と同じことであったわけです。だからこそ、苦難続きであった私の人生の歯車が、逆回転を始め、大きくひらけていったのだと思います。

多くの方との素晴らしい出会いがあり、その厚意と善意に満ちたアドバイスがあることに気づき、不平不満を言うよりは、「感謝」をしようと思い始めてから、またその感謝の思いをもとに、日々少しでも善きことに努めていくことで、私の運命が大きく好転していったのです。

まさしく、私の人生が、善きことを思い、善きことを行えば、運命はよい方向にかわっていくということが人生の真理であることを証明しているのではないかと思います。

現在、私は八十一歳を迎えています。今、私は死というものを、肉体をこの現世に置いて、魂だけであの世へ旅立っていくことだと理解しています。つまり、死とは、魂の新しい旅立ちだと考えています。

人生には、確かに運命というものが存在します。その運命を自分で知ることはできませんが、自分が辿っていく人生というものは、生まれたときから決められているのだと思います。私の前半生がそうであったように、挫折続きで、過酷な人生が運命で決められていることもあるかもしれません。

しかし、そのような人生を生きていく節々で、善きことを思い、善きことを実行していけば、運命はよい方向へと変わっていくのです。逆に人生の節々で悪しきことを思い、悪しきことを実行すれば、運命は悪い方向へと曲がっていくのだろうと思います。

いずれは私も、魂の新たなる旅立ちの日を迎えることになるわけですが、それまで、この生きている間に、善きことを思い、善きことに努めることで、自分の魂を生まれてきたときよりは、少しでも美しいものに磨きあげていかなければなりません。それこそが、この現世で生きていく目的ではないかと考え、今も努めています。

本日は、私の少年時代、青年時代の出会いから説き起こし、人生をいかに素晴らしいものにするかということについて、お話ししてまいりました。お集まりの皆さんの人生が、さらに素晴らしいものとなりますことを祈念申し上げ、講演の結びとさせていただきます。

ありがとうございました。

〈出典一覧〉

第一講　諒友クラブでの講話　一九八七年九月十六日

第二講　経営哲学塾での講話〈致知出版社主催〉　一九九五年九月十三日

第三講　関西師友協会四十周年記念講演　一九九七年三月二十九日
（『致知』一九九七年六月号掲載）

第四講　「盛和塾」中部地区合同塾長例会での講話　二〇〇一年七月十七日
（『致知』二〇〇二年十一月号掲載）

第五講　「何のために生きるのか」トークステージ講演〈致知出版社主催〉　二〇〇六年三月二十一日
（『致知』二〇〇六年六月号掲載）

第六講　『致知』創刊三十五周年記念講演〈致知出版社主催〉　二〇一三年九月十四日
（『致知』創刊35周年特別記念号掲載）

〈著者略歴〉

**稲盛和夫**（いなもり・かずお）

昭和7年、鹿児島県生まれ。鹿児島大学工学部卒業。34年、京都セラミック株式会社（現・京セラ）を設立。社長、会長を経て、平成9年より名誉会長。昭和59年には第二電電（現・KDDI）を設立、会長に就任、平成13年より最高顧問。22年には日本航空会長に就任し、代表取締役会長を経て、25年より名誉会長。昭和59年に稲盛財団を設立し、「京都賞」を創設。毎年、人類社会の進歩発展に功績のあった方々を顕彰している。また、若手経営者のための経営塾「盛和塾」の塾長として、後進の育成に心血を注ぐ。主な著書に『「成功」と「失敗」の法則』『人生と経営』『何のために生きるのか』（共著／いずれも弊社刊）『生き方』（サンマーク出版）『従業員をやる気にさせる7つのカギ』（日本経済新聞出版社）『ゼロからの挑戦』（PHP研究所）『ど真剣に生きる』（NHK出版）『燃える闘魂』（毎日新聞社）『働き方』（三笠書房）『賢く生きるより、辛抱強いバカになれ』（共著／朝日新聞出版）などがある。


# 成功の要諦

平成二十六年十一月二十五日第一刷発行
平成二十六年十二月　十　日第二刷発行

著　者　稲盛　和夫
発行者　藤尾　秀昭
発行所　致知出版社
〒150-0001東京都渋谷区神宮前四の二十四の九
TEL（〇三）三七九六―二一一一
印刷・製本　中央精版印刷



ISBN978-4-8009-1055-4 C0095


ホームページ　http://www.chichi.co.jp
Eメール　books@chichi.co.jp